« Linda Seger a tout simplement é
plus brillant et le plus utile que j'ai j

William Kelley, Scénariste de *Witness*, ayant obtenu un Oscar.

« Ce livre est un guide complet et minutieux pour structurer un scénario et un manuel d'apprentissage d'une technique aussi utile qu'on puisse le souhaiter. »

Jean Firstenberg, Réalisateur, The American Film Institute.

« Ce livre est un outil d'une valeur inestimable pour les scénaristes professionnels. Les exemples abondants et utiles sont tirés de scénarios réels. »

Richard Walter, Président du Département de Scénario, UCLA.

« Il y a eu de nombreux livres sur l'écriture de scénario mais, d'après moi, aucun d'entre eux n'est aussi accessible et profond que celui de Linda Seger. Son livre est merveilleux pour les auteurs mais également pour les producteurs et les chefs de développement. Je sais que désormais je ne lirai plus les scénarios de la même façon. »

Renee Valente, Productrice de « Blind Ambition » et de « Love Thy Neighbor ».

« Ce livre est très complet et très détaillé, il couvre toutes les données fondamentales. Il vise le but ultime de l'écriture de scénario : l'art du récit »

Robert Wise, Président de l'Academy of Motion Picture Arts and Sciences, Réalisateur.

« Un livre indispensable pour tout scénariste, débutant ou professionnel. Je ne sais pas comment nous nous en sommes passé jusqu'ici. »

Barbara Corday, Présidente, Columbia Pictures Television, Cocréatrice de « Cagney & Lacey ».

« Un livre merveilleux et extrêmement utile. Il ne deviendra jamais un film, mais il permettra à de nombreux scénarios de le devenir. »

Larry Gelbart, Scénariste, *Tootsie*, « M*A*S*H »

« Ce livre contient des renseignements présentés de façon pratique et claire qui seront très utiles pour les scénaristes en herbe. »

Margaret Mehring, Réalisatrice, Département de Cinéma et de Télévision, USC.

Les personnes et organismes suivants sont remerciés pour avoir accordé l'autorisation de reproduire les éléments mentionnés ci-dessous :

MCA Publishing Rights pour les extraits de *Back to the Future*, copyright © Universal Pictures, département d'Universal City Studios, Inc., grâce à la permission de MCA Publishing Rights, département de MCA, Inc. ; MCA Publishing Rights et Peter Benchley pour les extraits de *Jaws*, copyright © Universal Pictures, département d'Universal Pictures, et de Universal City Studios, Inc. ; Extraits de *Witness* © Paramount Pictures ; Columbia Pictures, Don McGuire, Larry Guelbart et Murray Schisgal pour les extraits de *Tootsie* et Horizon Management, Inc. pour les extraits de *The African Queen*.

L'édition originale américaine est éditée par
SAMUEL FRENCH TRADE

Autres ouvrages de Linda Seger :

Creating Unforgettable Characters

The Art of Adaptation: Turning Fact and Fiction into Film

From Script to Screen: The Collaborative Art of Filmmaking
(co-authored with Edward Jay Whetmore)

FAIRE D'UN BON SCENARIO UN SCENARIO FORMIDABLE

LINDA SEGER

Traduit de l'anglais par Brigitte Gauthier

DIXIT
EDITIONS

TELEVISION
LE LANGAGE DES IMAGES ET DES SONS
ECRIRE POUR LE JEU
ECRIRE TOURNER MONTER En Numérique Léger
CREER ET GERER UNE ENTREPRISE AUDIOVISUELLE
ECRIRE un COURT METRAGE
LES AIDES AU FINANCEMENT Cinéma et Télévision
LA DIRECTION DE PRODUCTION Cinéma et Télévision
LES CLES DES PLUS GRANDS SUCCES CINEMATOGRAPHIQUES
LE GUIDE DU SCENARISTE
PRODUIRE ET DIFFUSER EN NUMERIQUE
ESSAI & AUDITION LES TEXTES POUR S'Y PREPARER
LA PRODUCTION AUDIOVISUELLE LES CONTRATS
LE DOCUMENTAIRE Cinéma et Télévision
LA VIDEO NUMERIQUE comment ça marche ?
FAIRE SON PREMIER FILM
LE MANUEL DU JEUNE AUTEUR-REALISATEUR
La Programmation d'une chaîne de Télévision
LES PRODUCTEURS
Le montage La pratique Les outils virtuels
ECOLES METIERS CINEMA TELEVISION NOUVELLES TECHNOLOGIES
La SITCOM ou comment écrire une comédie de situation
PROFESSION REPORTER D'IMAGES
ANIMER une RADIO
COMMENT CREER VOS PROPRES DVD Normes et Méthodes
TELEVISION L'offre et la demande de programmes
INTRODUCTION AU SCENARIO
PRISE DE SON ET MIXAGE
LES CONTRATS DU THÉÂTRE
ECRIRE UNE COMÉDIE "FAITES LES RIRE"
VOUS ECRIVEZ ? QUELS SONT VOS DROITS ?
SCENARIOS MODES D'EMPLOI
Créer Sa WebTv ou Sa WebRadio
CRÉER DES PERSONNAGES INOUBLIABLES Linda SEGER
LES CLÉS POUR CRÉER UN STORYBOARD
FAIRE D'UN BON SCENARIO UN SCENARIO FORMIDABLE Linda Seger
COMMENT FINANCER Cinéma et Télévision
ROBERT McKEE STORY
LE JOURNALISME AUDIOVISUEL
SILENCE ON BRUITE
Ciné-Passions
LE GUIDE DU THÉÂTRE
PROFESSION PRODUCTEUR
L'ENREGISTREMENT NUMERIQUE SUR CD ET DVD
ESSAI & AUDITION LES PISTES ET LES CONSEILS POUR REUSSIR
L'ASSISTANT RÉALISATEUR Silence ! Moteur ! Ça tourne !
Ecrire son scénario MANUEL PRATIQUE
LA PRODUCTION AUDIOVISUELLE LES OUTILS
CINE RÉFÉRENCE
DICTIONNAIRE DICTIONARY
LES CONTRATS de l'INTERNET et du MULTIMÉDIA
LES ATELIERS D'ÉCRITURE Guide Annuaire
METIERS ET GENS DE RADIO
LE GUIDE PRATIQUE DU SCENARISTE
Comment Reconnaître Identifier et Définir les Problèmes liés à l'écriture de Scénario
PROFESSION PRODUCTEUR
La censure cinématographique aux Etats-Unis
LES 250 MÉTIERS DU CINÉMA DE LA TÉLÉVISION ET DES NOUVELLES TECHNOLOGIES ET LES FORMATIONS QUI Y CONDUISENT
180 C.V. de Scénaristes
www.dixit.fr

Table des matières

Remerciements

Je remercie :
Cynthia Vartan pour avoir relu la première édition et le Dr Leonard pour avoir relu la deuxième édition.

Dara Marks pour ses réactions sincères, ses encouragements et son soutien.

Les lecteurs de la deuxième édition Sharon Cobb, Carolyn Miller et Treva Silverman et ceux de la première, Mary Beth Gaik, Mark Gerzon et Lindsay Smith. Je vous remercie tous pour vos intuitions, vos suggestions et votre aide.

Kathleen Loeser et Chris Vogler pour leur aide concernant le sixième chapitre.

Neil Kelley et David Bombyk pour des renseignements et des repas inoubliables lorsque nous discutions de *Witness* ainsi que Pamela Wallace et Earl Wallace qui m'ont donné des renseignements supplémentaires pour cette deuxième édition.

Je remercie également les personnes et compagnies suivantes pour m'avoir permis de citer des extraits de films : Columbia Pictures, Larry Gelbart, Don McGuire et Murray Schisgal (*Tootsie*) ; Horizon Films (*The African Queen* [*La Reine africaine*]) ; Universal MCA et Peter Benchley (*Jaws,* [*Les Dents de la mer*]) ; Universal, Amblin Entertainment, Bob Gale et Robert Zemeckis (*Back to the Future* [*Retour vers le futur*]) ; Paramount Pictures (*Witness*) ; Georges Lucas et Lucas Films Ltd. (*Raiders of the Lost Arch* [*Les Aventuriers de l'arche perdue*]).

Mon mari Peter Le Var, pour son affection constante, sa bonté et ses merveilleux massages qui m'ont permis de continuer à écrire.

FAIRE D'UN BON SCENARIO UN SCENARIO FORMIDABLE

A mon mentor,
Le Dr. Wayne Rood

Préface de l'auteur

Lorsque j'ai écrit la première version de *Faire d'un bon scénario un scénario formidable*, il existait un certain nombre de livres sur l'écriture de scénario sur le marché, mais aucun d'entre eux ne traitait du processus important de la réécriture. C'est sur celui-ci que j'ai choisi de me concentrer. Grâce aux réactions des lecteurs, je me rendis compte que ce livre était utile pour les scénaristes débutants et qu'il pouvait l'être aussi pour ceux qui avaient déjà obtenu des Oscars, à qui il arrivait de rencontrer des problèmes lors d'une réécriture. Cependant ce livre ne leur donnait pas tous les renseignements dont ils avaient besoin pour créer un scénario de la première version à celle du tournage. Dans la première édition, il manquait deux étapes : comment rassembler ses idées et comment créer une scène. J'ai donc décidé qu'il était temps de faire une nouvelle édition.

J'ai ajouté deux chapitres, des exemples tirés de films plus récents, et de nouveaux renseignements. Dans cette édition, vous trouverez une réflexion plus développée sur le thème, les séquences de générique, la scène centrale et le montage. J'ai conservé l'idée de présenter les exemples principaux à partir de trois films qui ont très bien résisté à l'épreuve du temps : *The African Queen*, *Witness* et *Tootsie*. Dans la première édition, je n'avais pas eu l'autorisation de citer des extraits de *Witness*. Pour cette nouvelle édition les Studios de la Paramount ont eu la gentillesse de me donner leur accord, ce qui m'a permis de développer un grand nombre de concepts évoqués dans la première édition.

Je remercie tous mes lecteurs qui ont aimé la première édition et j'espère que vous continuerez à apprécier *Faire d'un bon scénario un scénario formidable*.

Introduction

Lorsqu'on écrit, il ne suffit pas d'avoir une bonne idée, ni même de savoir la rédiger. C'est l'étape de la réécriture qui rendra ce texte formidable, et c'est d'autant plus vrai lorsqu'il s'agit d'un scénario. Lors de la réécriture vous serez en fait confronté aux mêmes principes que lors de l'écriture de votre scénario. Ce livre vous aidera à développer vos talents afin de raconter une histoire formidable. Si vous êtes déjà expérimenté, ce livre vous permettra d'exprimer clairement des compétences jusqu'alors intuitives. Et si vous êtes en ce moment bloqué en plein milieu d'une réécriture, ce livre vous aidera à analyser et à résoudre vos problèmes afin de remettre votre scénario sur les rails.

Ce livre vous guidera tout au long du parcours du scénariste : du jaillissement de la première idée jusqu'au processus de la réécriture. Lorsque vous commencez votre scénario, vous devez savoir comment organiser vos idées, créer une histoire envoûtante avec des personnages dimensionnels et dignes de notre compagnie pendant deux heures. Vous aurez aussi besoin de savoir comment réécrire le scénario quand vous aurez fini, parce que si vous écrivez, vous réécrirez. C'est le métier qui veut ça. A moins que vous soyez un scénariste qui écrit pour lui-même et qui range son scénario dans une boîte au fond du garage, vous allez vous retrouver en train de réécrire de nombreuses fois. Vous le ferez pour peaufiner votre première version, puis pour que votre scénario soit juste un petit peu mieux en suivant les suggestions de vos amis. Vous incorporerez ensuite celles de votre agent pour rendre votre scénario légèrement plus commercialisable. Le producteur et le chef du développement vous demanderont une nouvelle réécriture pour que votre scénario soit conforme à leur style. Finalement les acteurs vous demanderont quelques répliques en plus qui conviendraient si bien à leur personnage.

C'est parfait si chacune de ces réécritures améliore le scénario. Malheureusement, c'est rarement le cas. Beaucoup de gens éprouvent la même chose que l'individu qui avait décidé de devenir scénariste parce qu'il avait vu à la télévision et au cinéma beaucoup de films mal écrits, et qu'il s'était dit qu'il pouvait certainement faire mieux.

Après avoir soumis son scénario à un producteur qui le refusa, il déclara que c'était injuste car son scénario était bien meilleur que tout ce qu'il avait vu. Le producteur répondit : « Naturellement, n'importe qui peut écrire mieux que cela, l'astuce c'est d'écrire de façon si brillante qu'on puisse encore regarder votre film après que tout le monde l'ait massacré lors des réécritures ».

Et c'est vrai, beaucoup de scénarios sont encore pire après le processus de réécriture. Plus ils s'éloignent de la source d'inspiration originelle, plus ils deviennent confus. Ils commencent à perdre de leur magie. A partir de la cinquième réécriture les temps forts disparaissent du scénario et certains éléments n'ont plus de sens. A la douzième réécriture, l'histoire est complètement différente et plus personne ne veut faire le film.

La solution semble être de ne pas réécrire. Ce n'est malheureusement pas une possibilité. La plupart des scénarios ne fonctionnent pas malgré toute la créativité et la magie qu'un auteur a mises dans la première version. Beaucoup d'entre eux sont écrits dans un style ampoulé. Ils sont tout simplement trop longs pour faire de bons films commercialisables. De nombreux scénaristes, emportés par leur élan créatif, oublient quelque chose : réexploiter un indice, compléter la ligne narrative d'un personnage, ou achever une intrigue secondaire. Si vous ne voulez pas que des idées demeurent insuffisamment exploitées, il ne faut pas hésiter à faire une réécriture.

Réécrire n'est pas aussi difficile qu'on pourrait le croire. Il suffit de conserver ce qui fonctionne et d'éviter toute originalité excessive. Il faut surtout comprendre que les suggestions sont censées mettre le scénario sur les rails et non le faire dérailler.

Ce livre vous apprendra comment écrire et réécrire de façon rapide et efficace, tout en conservant la magie jusqu'à la toute dernière version : celle du tournage.

J'ai voué ma carrière de consultante à remettre des scénarios sur les rails, en résolvant les problèmes tout en conservant leur créativité originelle. J'ai travaillé sur des centaines de scénarios de télévision et de cinéma. J'ai collaboré à des miniséries, des téléfilms, des séries dramatiques, des sitcoms, des films d'horreur, des films d'action-et-d'aventure, des comédies, des drames et des fantaisies.

Je fus systématiquement confrontée au même défi : faire en sorte que la version suivante fonctionne, que je m'adresse à des scénaristes, des producteurs, des réalisateurs ou à des chefs de développement.

Ensemble nous devons nous efforcer d'analyser les problèmes, de définir les concepts et de trouver les solutions qui vont créer un scénario qui fonctionne. J'ai travaillé avec les meilleurs scénaristes, les plus créatifs et ceux qui ont eu le plus de succès, et je me suis rendu compte que les problèmes de l'écriture et de la réécriture sont le lot de chacun, quel que soit leur degré d'expérience. En général, les difficultés ont lieu parce que les problèmes sont mal définis et mal analysés avant de commencer la réécriture. On peut ainsi se remettre à écrire l'Acte Deux parce qu'un producteur ne l'a pas aimé, puis à retravailler le personnage principal parce qu'il n'a pas plu au réalisateur. Puis on fera une autre réécriture qui se concentre sur le personnage principal. Puis on fait une nouvelle réécriture pour résoudre les problèmes de l'intrigue secondaire, ce qui fera dérailler l'intrigue principale, et pour arranger cela, on fera une nouvelle réécriture.

Puisqu'un scénario fonctionne de façon organique, toute modification affecte le reste. Mon travail consiste à identifier et à analyser ces problèmes avant la réécriture et à travailler avec les créateurs pour m'assurer qu'ils seront résolus. J'ai découvert qu'on peut faire bien mieux que de se contenter de réécrire en espérant que le scénario s'améliore comme par magie. Je suis parvenue à recenser des éléments spécifiques qui vous permettront de faire d'un bon scénario un scénario formidable.

Chaque scénario étant unique, il connaîtra des problèmes particuliers. On ne peut pas écrire un livre qui vous permettrait d'écrire le scénario parfait en le suivant point par point. Il ne s'agit pas de réécrire en suivant des instructions simples et des formules toutes faites, comme si vous n'aviez qu'à colorer des cases.

Les mêmes problèmes se reproduisent constamment. Ils concernent l'exposition, le rythme, ou les idées non suffisamment développées. S'efforcer de résoudre ces problèmes fera la différence entre un succès et un échec.

Pour comprendre comment ces problèmes ont été résolus dans des scénarios formidables, j'analyserai des exemples de scènes parmi les plus réussies. J'ai conservé beaucoup d'exemples de la première édition de ce livre en me concentrant sur *Witness*, *The African Queen* et *Tootsie*.

Ces trois films ont bien résisté à l'épreuve du temps. Ils sont toujours d'excellents films d'un point de vue pédagogique et ils ont gardé leur pouvoir de divertissement. On peut les voir et les revoir. En étudiant ces films vous apprendrez beaucoup sur l'art et le métier de l'écriture.

Je continue aussi à utiliser des exemples à partir des *Dents de la mer*, de *Star Wars* (*La Guerre des étoiles*) et de *Retour vers le futur*. Ce dernier est toujours l'un des meilleurs films pour **comprendre les procédés d'annonce (foreshadowing)** et de **chute (pay off)**. J'ai ajouté un exemple tiré des *Aventuriers de l'arche perdue* et j'ai développé ma réflexion sur des films plus récents tels que *Unforgiven* (*Impitoyable*), *Schindler's List* (*La Liste de Schindler*) et *The Fugitive* (*Le Fugitif*). Je fais allusion également à un certain nombre d'autres films, de façon moins détaillée, tels que *Gone with The Wind* (*Autant en emporte le vent*), *Fatal Attraction* (*Liaison fatale*), *Ghostbusters* (*SOS fantômes*) et *Ruthless People* (*Y a-t-il quelqu'un pour tuer ma femme ?*). Tous ces films ont bien réussi au box-office et ont reçu de bonnes critiques. D'un point de vue pédagogique, ils font partie des meilleurs films. Ils sont bien structurés. Leurs personnages sont solides et dimensionnels. L'idée principale a été bien exploitée. Mais il ne s'agit pas de films à formules. Ce sont des films créatifs, artistiques et bien faits. Si vous n'avez pas vu ces films, vous pouvez les louer en cassettes vidéo. Il faut que vous vous familiarisiez avec eux puisque chaque chapitre va analyser minutieusement certains éléments particuliers de ces films. Et évidemment, tout en découvrant pourquoi et comment ces films fonctionnent vous vous divertirez également.

Si vous voulez que votre film soit divertissant, profond et de qualité, vous devez non seulement l'avoir bien écrit mais aussi l'avoir bien réécrit. Si vous êtes suffisamment créatif et que vous avez une bonne idée, vous pourrez écrire un bon scénario.

PREMIERE PARTIE

LA STRUCTURE DE L'HISTOIRE

Maryse LÉON-GARCIA
Ecrire son scénario
MANUEL PRATIQUE
Les questions que vous devez vous poser !
DIXIT ÉDITIONS - synopsis
Le magazine du scénario

CHAPITRE UN

RASSEMBLER SES IDEES

Vous êtes scénariste. Vous avez une idée géniale pour un film. Vous pensez qu'elle est aussi bonne que celle de *E. T.* et aussi originale que celle de *SOS fantômes*. Votre histoire traite de relations aussi intimes que celles de *Driving Miss Daisy* (*Miss Daisy et son chauffeur*), elle a une excellente action à la *Die Hard* (*Piège de cristal*) et elle explore encore mieux le genre choisi que ne le fait *Impitoyable*. Vous savez que ce n'est pas juste l'idée, mais l'exécution qui compte. Vous voulez vous y prendre correctement. Comment allez-vous commencer ?

Vous êtes chef de développement. Vous avez lu un article qui vous a donné des idées pour une histoire. Vous voulez les rédiger, avant d'embaucher un scénariste. Vous aimeriez être clair et créer une structure qui fonctionne. Comment allez-vous faire ?

Vous êtes réalisateur. Vous n'avez jamais écrit de scénario auparavant. Mais vous avez une ligne narrative qui s'est frayée un chemin en vous depuis un ou deux ans. Vous voulez rédiger un traitement ou un scénario. Puis plus tard, vous trouverez un auteur pour collaborer avec vous. Comment allez-vous commencer ?

Il est rare que les idées viennent à l'esprit en étant entièrement développées. La plupart des scénarios commencent par une idée subite ou des bribes d'images. Le vôtre commencera peut-être par une situation que vous aurez envie d'explorer ou par un personnage que vous avez connu ou imaginé. Vos idées appartiennent à une histoire qui cherche à se frayer un chemin en vous. Il peut s'agir d'une idée si petite qu'elle tient en une ligne : « Quelque chose sur le cirque », ou d'une histoire de l'ampleur d'une épopée : « Les anecdotes que mon grand-père m'a racontées sur ses combats pendant la Révolution Russe ». Quelque part entre l'idée initiale et les 120 pages de scénario, votre idée aura besoin de trouver sa forme. L'histoire doit se construire et se développer à partir des personnages, d'images et d'émotions, et être tissée grâce à des idées. La façon dont vous accomplirez cela déterminera le fait que votre scénario sera embrouillé, tout juste bien fait, ou une oeuvre d'art brillante.

Comme avec n'importe quelle autre forme d'art, écrire un scénario commence par un certain degré de chaos. Les idées ne sont qu'à moitié inventées. Les lignes narratives peuvent s'enliser à n'importe quel moment. Les personnages peuvent paraître inconsistants, unidimensionnels, trop prévisibles ou trop semblables à un personnage que vous avez vu des centaines de fois. Vous ne savez pas encore ce que vous avez ni ce que vous aurez.

Le processus d'écriture va vous conduire du chaos à l'ordre. La rapidité avec laquelle vous allez avancer dépendra de vos connaissances sur le processus et l'art d'écrire, de votre rapidité, de votre capacité à être discipliné, de la difficulté à traiter votre idée, de la quantité de recherches que vous aurez besoin de faire et de votre confiance en votre talent créatif. Certains d'entre vous seront capables de réfléchir vite et de rédiger leurs idées aussi vite qu'elles leur viendront à l'esprit. D'autres auront besoin de laisser leurs idées mûrir. Puisqu'il s'agit d'un domaine créatif, il ne peut pas y avoir une seule méthode qui fonctionnerait pour tout le monde.

TROUVER L'IDEE

D'où viennent les idées ? Le monde regorge d'histoires fascinantes, de personnages dramatiques, d'idées et de sujets bizarres. L'une des choses que vous devez faire pour vous entraîner à devenir scénariste consiste à trouver les moindres détails et directions narratives qui peuvent servir de point de départ à un scénario formidable. Beaucoup de scénaristes trouvent leurs idées à partir d'articles de journaux. Les journaux sont remplis de conflits, de drames, de personnages dynamiques et de sujets importants. Votre famille proche, qu'elle soit sympathique ou non, contient une myriade de situations à explorer. Les amitiés, les mariages, les problèmes avec les collègues, que ce soit dans votre propre vie ou dans des situations dont vous avez entendu parler. Tout ceci peut être utilisé. Il en est de même de vos rêves, fantasmes, espoirs et buts tout autant que de vos échecs, déceptions et trahisons. Tous ces éléments seront utiles à votre créativité. Beaucoup de situations, associées à une bonne quantité d'imagination peuvent conduire à de nouvelles idées. Vous pourriez vous demander ce qui se serait passé si vous aviez épousé cette femme, si vous aviez pris ce travail au Moyen-Orient, ou si vous aviez été dans cet internat…

De nombreux scénaristes ont des classeurs entiers remplis d'histoires possibles. Certains d'entre eux ont des centaines d'histoires présentées **en une ligne (a one-liner)** dans leur ordinateur. D'autres ont des notes éparpillées partout. Finalement, une histoire particulière s'impose à vous, et demande à être racontée.

COMMENT ORGANISER VOS IDEES

Il y a de nombreuses façons de commencer. Certains scénaristes vont avoir une idée à l'esprit pendant un moment et ils vont jouer avec avant de l'écrire. Mais vous pouvez faire cela pendant un certain temps. Le fait de la rédiger vous permettra de savoir où vous en êtes. D'autre part, vous transférerez ainsi certaines idées, et d'autres pourront alors surgir. La confrontation de ces idées donnera alors une forme à votre scénario, comme par magie.

On pourrait diviser un scénario en cinq éléments principaux : les lignes narratives, les personnages, les idées sous-jacentes, les images et le dialogue.

Chacun de ces éléments commence à prendre forme à différents moments du processus. Certains scénaristes sont particulièrement bons pour décrire les personnages. Ils peuvent commencer à écrire à partir d'un personnage qu'ils ont imaginé. Ils font en sorte que l'histoire surgisse au fur et à mesure que nous voyons les décisions et les actions du personnage.

D'autres scénaristes commencent avec une histoire. Ils sont intrigués par une séquence d'événements. Ils aiment l'action et les gens qui accomplissent des exploits.

D'autres scénaristes commencent avec une idée qu'ils ont envie d'explorer : « Ce qui m'est arrivé cet été-là m'a peut-être changé pour la vie ». Ils se posent des questions sur la justice, les problèmes d'identité, ou sur ce qui arrive aux gens qui s'adonnent totalement à l'avidité ou à la corruption.

Peu importe où vous commencez, il y a un moment où tous ces éléments doivent être rassemblés au sein du scénario. Et comme ils sont tous liés, vous ne pouvez travailler sur les personnages sans que des idées narratives surgissent ou vice versa.

Vous allez donc chercher une méthode pour rassembler vos idées, tout en faisant en sorte qu'elles soient assez fluides afin de ne pas les fixer pour l'éternité trop vite. Vous voulez trouver un moyen de laisser ces idées surgir, changer et prendre de nouvelles formes.

Certains scénaristes commencent par rédiger leurs idées sur des fiches.

LA TECHNIQUE DE LA FICHE

Puisque les lignes narratives de l'histoire n'arrivent que rarement à l'auteur de façon totalement développées, il vous faudra trouver une méthode pour rédiger toutes ces bribes d'idées éparses qui finiront par créer votre scénario. Beaucoup de scénaristes utilisent des fiches ou rédigent leurs idées dans un classeur à feuillets volants, pour s'aider à démarrer. Il s'agit de fiches de couleurs. Elles sont chaotiques mais fluides. Toutes ces caractéristiques sont favorables au début d'un processus créatif. De nombreux scénaristes qui travaillent à partir de fiches, commencent par acheter des fiches de couleurs différentes. Au fur et à mesure qu'ils organisent leurs pensées, chaque couleur représente différents éléments du scénario. Si vous écrivez une histoire à suspense, utilisez, par exemple, les fiches blanches pour toutes les scènes concernant l'enquête, les fiches roses pour toutes les scènes sur les relations amoureuses entre le détective et le témoin aveugle. Sur les fiches jaunes, prenez des notes sur les personnages : description, biographie, relations et habitudes bizarres. Sur les fiches bleues rassemblez vos notes sur les images, l'immensité de la ville comme dans *Le Fugitif* ou le danger dans les rues de New York dans *Taxi Driver*. Ces notes peuvent être brèves : « Troublée, elle appela la police », ou plus développées afin de décrire l'ambiance de la scène et une partie de l'action. Utilisez des cartes distinctes comportant des renseignements généraux sur ce qui se passe sur le lieu d'un crime : les endroits où un détective peut trouver des empreintes, à quoi ressemblent les douilles de l'arme utilisée et où peut-on les trouver ?

Parce que le processus créatif veut avancer du chaos à l'ordre, votre esprit commencera naturellement à entrevoir les relations d'une fiche à l'autre. Vous vous apercevrez que vos notes sur les scènes d'amour s'accordent avec celles sur la passion désespérée de votre personnage et avec votre fiche décrivant un appartement fait d'espaces serrés et brisés dans le quartier des entrepôts de viande de New York (*Liaison fatale*).

Il se peut que vous décidiez que votre scène d'amour fonctionnerait bien après la scène où votre personnage principal fait son baptême de l'air. Alors vous allez réorganiser vos fiches pour montrer cette relation (*Out of Africa ; Out of Africa, Souvenirs d'Afrique*).

Le fait d'utiliser les fiches est probablement l'approche la plus fluide pour rassembler ses idées. Celles-ci peuvent alors surgir naturellement et vous trouverez facilement les liens à établir entre vos différentes idées. Grâce à ces fiches, vous n'avez pas besoin d'aller plus vite qu'il est nécessaire et de vous mettre à écrire votre scénario avant d'être prêt à le faire. Vous n'avez pas à inventer une partie de l'histoire que vous ne percevez pas encore clairement. Les fiches vous permettront d'essayer de multiples combinaisons en faisant passer vos idées, d'un acte à un autre et d'une scène à une autre. Les idées peuvent être regroupées d'une centaine de façons différentes, bien que l'une d'entre elles finisse par sembler plus juste que les autres.

De nombreux scénaristes placent leurs fiches sur un tableau d'affichage. Ils les déplacent d'acte en acte, et les observent chaque jour afin d'étudier de nouvelles possibilités. Certains d'entre eux inscrivent les renseignements de leurs fiches sur leur ordinateur. Ils courent évidemment le risque de se retrouver avec une grande quantité de fragments d'idées désordonnés. Mais même si c'est le cas, votre esprit finira par trouver des liens naturels entre ces idées. Et les notes du scénario surgiront de façon organique et ce sera une découverte naturelle, créative et excitante.

Evidemment, vous ne savez pas combien de fiches il vous faudra avant que l'histoire, les personnages, le thème et les images prennent forme. Vous en utiliserez peut-être cinquante, peut-être deux mille. Mais à un moment donné, c'est l'histoire elle-même qui voudra que vous la rédigiez. A ce moment-là, il vous faudra écrire un descriptif.

LE DESCRIPTIF

Le descriptif consiste simplement en quelques lignes sur chaque scène qui vont former l'histoire. Vous pouvez les écrire sur quelques morceaux de papier, dans votre ordinateur ou dans un classeur à feuillets volants en utilisant une page par scène. Un descriptif complet peut consister en cinquante ou cent lignes.

Il ne vous sera peut-être pas nécessaire de rédiger toutes les scènes principales entièrement avant de commencer à écrire votre scénario.

Si vous deviez faire le descriptif du début de *The African Queen*, cela pourrait ressembler à ceci :

1. La Mission. Présentation de Rose et de son frère. Allnutt arrive.
2. Présentation de la relation de Allnutt face à Rose et à son frère.
3. Les Allemands arrivent. Ils tuent le frère de Rose et des indigènes. Ils détruisent le village.
4. Allnutt revient. Il enterre le frère de Rose. Allnutt et Rose préparent leur évasion. Etc.

Avec tout juste ces renseignements, il est possible de commencer à écrire le scénario. Pourtant certains scénaristes préfèrent commencer par développer chaque scène en ajoutant des renseignements sur les personnages et l'histoire ou par rédiger d'abord la ligne narrative sous forme de traitement.

LE TRAITEMENT

Certains auteurs commencent par un traitement, qui est essentiellement une narration ou un synopsis. De même que pour une nouvelle, il s'agit d'un texte relativement court, d'environ huit à quinze pages. Le traitement raconte le début, le milieu et la fin de votre histoire. Si vous avez eu une idée qui est déjà assez développée, le traitement sera l'occasion de rédiger la narration dans un ordre logique. En regardant la ligne narrative, vous pourrez voir si votre histoire a une signification, si elle progresse, si elle a du rythme et une direction. Si l'un de vos événements n'a pas de lien avec les autres, vous avez dû partir dans une digression. Si votre histoire s'enlise, vous allez voir facilement où elle manque d'action. Si votre climax n'est pas clair, vous comprendrez que vous vous êtes égaré et que vous n'avez rien construit.

Si vous écrivez un traitement pour un studio ou une compagnie de production, on vous demandera en général cinq à douze pages. Mais un traitement peut aussi être utilisé comme un outil créatif semblable à un monologue intérieur. Vous pouvez rédiger cinq pages sur l'atmosphère de l'appartement de votre héroïne et sur les raisons pour lesquelles elle tombe amoureuse, puis résumer les huit scènes suivantes en une ligne ou deux. Rédiger un traitement permet d'exprimer l'idée initiale. Cela peut être l'occasion de rédiger vos idées naturellement et de commencer à écrire le dialogue comme il vient. Cela vous donnera une idée du style de l'histoire.

Les traitements peuvent vous aider à formuler votre histoire en vous faisant voir les problèmes et en vous forçant à retravailler constamment l'histoire. Cependant, en particulier dans les phases initiales, il est important de garder le traitement sous la forme d'un document fluide qui pourra évoluer et être amélioré lors de la réécriture. Pour certains scénaristes, une fois qu'ils l'ont écrit, ils ne peuvent plus s'en détacher. Il y a quelque chose de plaisant dans une ligne narrative nette et bien écrite, même si le contenu n'est pas tout à fait au point. Si c'est le cas pour vous, écrivez sur des feuilles de brouillon afin de pouvoir jouer avec les idées, prendre des risques, intégrer une idée d'histoire excentrique dont vous vous débarrasserez peut-être plus tard. Cela peut vous donner la liberté de continuer à faire subir des changements à votre ligne narrative, jusqu'à ce que vous sentiez qu'elle est correcte, c'est-à-dire claire, intéressante et bien structurée.

TENIR UN JOURNAL

Alors que les traitements peuvent être une bonne méthode pour se faire une idée claire de l'histoire, ils sont parfois moins utiles pour les questions de caractérisation et le développement thématique. C'est pourquoi certains scénaristes tiennent un journal avant d'écrire leur scénario. Ce journal leur donne la possibilité d'explorer les personnages et les thèmes de la même façon qu'ils exploreraient leur propre vie et leurs problèmes personnels.

Cette méthode vous offre la possibilité de pénétrer plus profondément à l'intérieur de vos personnages et de vous faire une idée sur leurs pensées, leurs sentiments, leurs soucis, leurs valeurs et la façon dont ils ont tendance à réagir. Cette méthode est proche de l'idée du journal intime, et vous verrez qu'elle vous permettra d'avoir une connaissance interne de vos personnages, ce qui vous aidera à trouver, ce à quoi ils ressemblent et comment ils s'expriment. Rédigez ce journal à la première personne, en vous mettant à la place du personnage qui décrit ses pensées et ses expériences. Vous pouvez également choisir de faire un récit à la troisième personne comme si vos personnages étaient des amis ou des gens que vous avez observés. Incluez des descriptions de personnages et des actions ainsi que des associations d'idées. Cherchez à répondre à un certain nombre de questions telles que : « Quel est le salaire de votre héroïne ? » « A quoi ressemble sa famille ? » « Où a-t-elle fait ses études ? »

Créez votre héroïne en vous fondant sur des points communs entre celle-ci et des gens que vous connaissez. Commencez à penser aux caractéristiques qui vous intéressent chez cette femme et aux raisons pour lesquelles elle se comporte d'une certaine manière.

Décrivez, par exemple, ce que vous éprouvez à l'égard d'une femme qui vous a quitté il y a cinq ans et créez une histoire grâce à cette expérience. Sinon, travaillez à partir d'un de vos amours d'été. Rédigez tous les détails qui pourraient donner à cette histoire un nouveau développement. Au fur et à mesure que vous allez travailler ces idées, quelque chose va commencer à surgir en vous. Vous allez vous enthousiasmer et découvrir de nouvelles idées. Si vous les utilisez, elles vous conduiront peut-être vers de nouvelles directions.

Explorez également vos thèmes grâce à cette méthode du journal. Les scénarios contiennent des idées, et celles-ci ont besoin d'être travaillées autant que les histoires et les personnages. Si vous traitez de l'influence négative de la propagation de la violence (*Impitoyable*), inscrivez des détails dans votre journal sur les diverses manières dont la violence affecte vos différents personnages. Partez des cauchemars de votre personnage induits par la violence. Explorez le fait que la fascination à l'égard de la violence semble être universelle. Mentionnez les liens qui naissent de la violence, (ceux qui se nouent pendant une guerre ou au sein d'un gang). Assurez-vous ainsi que vous vous adressez à un public contemporain.

Le traitement vous aidera à vérifier que votre histoire a une certaine substance, à saisir les motivations internes de vos personnages et à prendre conscience du thème de votre scénario.

Si vous avez essayé certaines de ces méthodes, vous allez vous apercevoir que vous commencez à entendre vos personnages. C'est le moment de prendre votre magnétophone et d'essayer une nouvelle technique.

ENREGISTREZ-VOUS

Chaque jour de votre vie, vous parlez. Vous en avez l'habitude. Parler à un magnétophone peut être très libérateur, car cet outil permet de laisser surgir les idées sans inhibitions. Des bribes de dialogue vont vous venir à l'esprit. Vous allez les entendre. Les échanges sont si rapides qu'il serait difficile de les noter au fur et à mesure. D'ailleurs cela se produira peut-être à un moment où vous serez au volant de votre voiture, ou même bloqué dans des embouteillages. Imaginez que vous vous réveillez au beau milieu de la nuit, en pensant à un dialogue particulier. Soudain vous entendrez ces mots. S'ils sonnent juste, vous allez vouloir les noter pendant que vous les avez à l'esprit, quel que soit ce que vous serez en train de faire. Le magnétophone vous permettra de saisir ces paroles et ces idées au moment même où elles surgiront. Cela vous permettra aussi de les entendre au lieu de les voir écrites.

Jouez avec ces idées sur le mode du dialogue afin de parvenir à traiter les sujets soulevés par votre scénario, à décrire la façon d'être de vos personnages et comment ils se comportent entre eux. Il se peut que le dialogue vous vienne à l'esprit dans son intégralité ou bien vous n'allez en garder que quelques mots ou tournures de phrases clés et vous retravaillerez tout le reste ensuite.

Evidemment, les magnétophones présentent un désavantage majeur : la transcription. Ne retranscrivez pas tout. Contentez-vous de ce qui vous paraît bien mais n'effacez pas le reste. Vous aurez peut-être envie de réécouter cet enregistrement pour retrouver les intuitions que vous avez eues sur un dialogue ou sur la façon de relier vos différentes idées. Même si vous n'utilisez rien de tout cela, vous vous apercevrez peut-être que les raisons pour lesquelles ces paroles se sont présentées à vous dans cet ordre particulier présentent un intérêt.

Au lieu d'utiliser toutes ces techniques, certains d'entre vous préféreront peut-être se contenter de rédiger ce qu'ils ont à dire.

REDIGER

Certaines idées viennent aux scénaristes dans leur intégralité. Leur film défile devant leurs yeux. Si c'est votre cas, commencez à écrire votre scénario immédiatement. Il sera toujours temps de reprendre l'une de ces techniques si vous perdez votre inspiration à un moment quelconque. Cependant certains scénaristes s'assoient et rédigent leur scénario directement.

Vous écrivez un scénario pour la toute première fois. Vous êtes prêt, mais l'idée d'écrire 120 pages vous effraie. Dans ce cas, si vous avez une ligne narrative, vous pouvez commencer en rédigeant simplement votre histoire sous forme de scénario, sans préparation et vous retravaillerez ce texte par la suite. Vous serez sujet à des peurs jusqu'à ce que vous trouviez votre propre processus créatif. Vous vous demanderez si vous êtes vraiment capable d'écrire 120 pages, si cela ne sera pas une perte de temps et combien de temps cela vous prendra effectivement. Parvenir à rédiger 120 pages, quelle que soit la valeur de ces pages, vous débarrassera de vos incertitudes sur vos propres capacités. Cette version ne sera que très rarement de bonne qualité, car elle ne sera pas le fruit d'une expérience suffisante. Mais peut-être que certaines de ces scènes comporteront des éléments magiques ou artistiques et que vous pourrez garder certains des éléments de dialogue. Vous aurez besoin de préparer et de travailler votre histoire. Mais le simple fait de savoir que vous y êtes parvenu une fois rendra votre prochaine tentative plus facile.

La plupart des scénaristes expérimentés préparent leur histoire et leurs personnages très soigneusement avant de commencer à rédiger leur scénario. Plus vous aurez passé de temps en amont à planifier votre scénario, plus vous l'écrirez rapidement. Cependant, vous pouvez décider de vous servir d'une partie de ces techniques en appliquant toutes les méthodes préparatoires expliquées préalablement. Puis, une fois que vous aurez commencé à écrire, continuez. Certains scénaristes rédigent leur scénario d'une traite. Ils se rendent compte qu'il serait dommage d'interrompre ce flux d'idées pour améliorer la grammaire, éliminer les fautes de frappe, et jouer avec les différentes approches d'une scène. Tout ce qu'ils désirent, c'est rédiger leur histoire.

LES PROGRAMMES D'ORDINATEUR

Nous vivons à l'ère de l'informatique et désormais la plupart des scénaristes travaillent sur ordinateur. Beaucoup utilisent Internet et communiquent avec d'autres scénaristes par courrier électronique. Ceci explique qu'on trouve désormais sur le marché une grande gamme de logiciels pour écrire des scénarios sur ordinateur. Ils sont destinés à aider un auteur à écrire, et à réécrire son scénario.

Ici, je ne parle pas de programmes pour formater votre scénario tels que *Scriptor*, *Moviemaster* et *Scriptwrite*, mais de programmes conçus pour vous aider à vous préparer à écrire votre scénario, c'est-à-dire : *Collaborator*, *Storyline* et *Dramatica*. Ces programmes sont controversés car ils ressemblent à une méthode de coloriage. Ils vous indiquent exactement où placer chacun de vos éléments et vous promettent que si vous suivez scrupuleusement leurs instructions vous aurez un scénario parfait.

Mais certains scénaristes voient dans ces programmes un catalyseur de leur créativité : un guide pour les maintenir sur les rails, et une aide pour leur indiquer chaque étape.

A quoi sert réellement un programme de scénario ? Dans quelle mesure peut-il vous rendre des services ? De quoi devez-vous vous méfier ?

Le minimum qu'il fera pour vous sera déjà de vous aider à organiser vos pensées et à rassembler tous les renseignements que vous avez en un lieu. A la place de fiches, que vous aurez besoin d'écrire et de réécrire, ou de blocs de brouillon remplis de notes abondantes, tous vos détails concernant l'histoire, les personnages, les lieux et le thème pourront tous être regroupés en un lieu, prêts à être travaillés et retravaillés au fur et à mesure que vous aurez de nouvelles idées.

Un programme de scénario vous aidera à prendre conscience des problèmes que vous devrez régler lorsque vous rédigerez votre scénario. Il y a des centaines, si ce n'est des milliers d'éléments qui font qu'un scénario fonctionne. Les scénaristes expérimentés connaissent intuitivement un grand nombre de ces éléments. Mais les néophytes ne possèdent pas encore suffisamment d'outils d'écriture. Les programmes de scénarios ne cessent d'obliger les scénaristes à se poser un certain nombre de questions essentielles : Avez-vous clairement travaillé sur la biographie de vos personnages ? Comprenez-vous ce que vos personnages désirent et quelle action ils vont accomplir pour obtenir cela ? Quel est le conflit ? Quels sont les problèmes que votre personnage a besoin de résoudre ? Qui est le public? Est-ce que les choix de vos personnages sont cohérents ? Quelles sont les caractéristiques de vos personnages principaux et secondaires ?

Certaines de ces questions sont très proches de celles que vous trouverez à la fin de chacun des chapitres de ce livre. Elles sont toutes destinées à faire en sorte que le scénariste conserve à l'esprit les problèmes qu'il doit résoudre pour que son scénario fonctionne.

Un bon programme de scénario fonctionne comme un partenaire ou un collaborateur pour que vous ne cessiez de faire avancer vos réflexions. La plupart d'entre eux contiennent des définitions, des renseignements, l'analyse de scénarios géniaux et la façon dont ces éléments variés fonctionnent à l'intérieur d'un scénario. Ils servent donc d'outil pédagogique autant que d'outil d'écriture.

Certains vous laissent la liberté d'essayer différentes combinaisons d'idées. Mais la plupart sont conçus pour vous inciter à vous poser des questions à de nombreux moments de votre processus créatif. Un grand nombre de ces programmes organisent leur matériau de façon à ce que vous perceviez comment les différents éléments doivent s'organiser à l'intérieur de votre scénario.

Souvenez-vous que chacun de ces systèmes est fondé sur les théories dramatiques de celui qui les a conçues. Il vous faudra apprendre le vocabulaire du concepteur. Vous aurez certainement des concepts à comprendre avant même de pouvoir commencer à écrire.

Ce qui est implicite dans un programme d'écriture de scénario, c'est une certaine logique. Un programme d'ordinateur a besoin d'être construit de façon rationnelle, même si votre approche de chaque scénario n'est pas rationnelle. Il se peut que vous vouliez commencer à construire un personnage féminin à partir d'un élément de dialogue ou en décrivant l'énergie et le rythme qui émanent d'elle, ou bien à partir de la couleur de sa robe. Mais quand vous ferez défiler sur votre programme les questions concernant les personnages, ce seront toujours les mêmes, ce qui vous amènera peut-être à penser qu'on ne peut créer un scénario que d'une seule façon. Les programmes de scénarios ne peuvent pas prendre en compte les centaines de points de départ différents et les milliers de processus différents qui peuvent vous conduire à écrire un bon scénario.

La seule façon de déterminer si ces méthodes sont bonnes, c'est d'évaluer si elles vous conviennent. Chaque système est à considérer en fonction du talent du scénariste susceptible de l'utiliser. Si un scénariste se contente de suivre ces indications, son scénario sera correct, mais il sera certainement prévisible et peu original. Si une méthode ne vous aide pas à donner une forme et une structure à votre histoire et à créer des personnages imaginatifs et excitants, c'est qu'elle ne vous convient pas. Un bon système doit vous offrir la flexibilité et l'espace nécessaires à votre processus créatif. Il doit fonctionner comme un collaborateur créatif qui est là pour vous aider à comprendre les problèmes qui se posent et à donner forme à votre scénario.

IL Y A PLUSIEURS BONNES SOLUTIONS

Les méthodes sont différentes en fonction du type de scénario. Savoir écrire consiste à avoir à sa disposition de nombreux outils d'écriture différents. Si l'un d'entre eux n'est pas adapté, il faut espérer qu'un autre le sera. Le but de ces techniques est de vous aider à rédiger votre scénario. Certains auteurs ont des centaines d'idées et des milliers de fiches mais pas de scénario. A un moment donné, il faut rédiger votre scénario et lui donner forme.

Vous n'aurez pas besoin uniquement de connaissances et d'expérience mais aussi de talent. Vous devrez trouver un style particulier, une vision, des opinions personnelles, vous servir de votre expérience, et de ce qu'il y a d'unique en vous. Toutes ces méthodes devraient non seulement vous aider à travailler votre histoire, mais aussi être les catalyseurs qui vous permettront de devenir un meilleur artiste.

Vous allez accomplir l'essentiel du travail d'écriture de scénario lors de cette phase préparatoire. Lorsque vous aurez fait ce travail préliminaire correctement, la rédaction du scénario sera beaucoup plus facile.

Pour la plupart des gens, écrire un scénario, de l'idée initiale à la première version prend environ de trois à six mois, d'autres mettent un an ou plus. J'ai entendu parler de certains auteurs qui ont écrit un scénario en deux ou trois semaines. Mais il arrive que cela prenne cinq ans. Il faut compter deux semaines supplémentaires, ou deux années, pour la réécriture. Vous ne devez pas vous astreindre à créer votre scénario en un temps déterminé. Il n'y a pas de bonne ou de mauvaise façon d'écrire un scénario. On ne saurait parler de processus créatif unique.

APPLICATION

Il y a une raison pour laquelle vous avez choisi d'écrire ce scénario. Certaines questions peuvent vous aider à comprendre ce qu'il y a de passionné et de créatif en vous et vous permettre de choisir la méthode qui sera la mieux adaptée pour que vous soyez prêt, intellectuellement, à rédiger votre scénario.

Avant de commencer à écrire un scénario demandez-vous :

Quelle est *la* raison qui m'a poussé à écrire cette histoire ?

Ai-je pensé à fond à tous les éléments de mon scénario : à l'histoire, au thème, aux personnages, et aux images ? Et est-ce que j'ai commencé à penser au dialogue ?

Est-ce que j'entends mes personnages parler ? Est-ce qu'ils ont commencé à me parler, de façon telle qu'au moment où je commencerai à rédiger le dialogue, cela sonnera juste ?

Ai-je pris assez de temps pour explorer l'histoire et les personnages, sans me précipiter à écrire le scénario ?

Est-ce que j'ai superposé des règles à mon histoire et à mes personnages, ou est-ce que j'ai essayé de les laisser se développer de façon organique ?

Est-ce que je suis parvenu à me concentrer sur ce qui me passionne, ce dont je suis capable et sur ce que je cherche vraiment à dire ? Ou est-ce que je me préoccupe trop de la commercialisation de mon scénario, de ses potentialités commerciales, de ce que je vais gagner grâce à lui, et de la célébrité qu'il m'apportera ? Est-ce que je suis en train de planifier le discours de réception de mon Oscar avant que mon scénario ne soit écrit ? Ou bien est-ce que je suis prêt à attendre d'être nominé pour y penser ?

Est-ce que je me suis souvenu de m'efforcer de garder à l'esprit le processus global au lieu d'essayer d'obtenir des résultats rapides ?

Lorsque vous aurez effectué cette préparation vous serez prêt à commencer à écrire votre scénario. Quand vous atteindrez ce point, vous serez prêt à structurer et à former votre histoire sous une forme dramatique. Vous serez prêt à donner forme à votre début, votre milieu et votre fin.

CHAPITRE DEUX

LA STRUCTURE EN TROIS ACTES : NECESSITE ET UTILITE

Vous êtes scénariste. Vous venez de finir d'écrire 115 pages d'un scénario superbe, et vous savez qu'il est vraiment bien, vous l'avez montré à quelques amis qui vous ont dit qu'il est mieux que *E. T.* Mais vous êtes inquiet car vous savez qu'il n'est pas tout à fait au point. Quelque part, peut-être dans votre second acte, les éléments ne s'imbriquent pas vraiment. Ils ne mènent nulle part. Vous avez l'impression que votre scénario n'est pas aussi bon qu'il pourrait l'être. Vous commencez à douter.

Vous êtes producteur et vous tenez absolument à prendre une option sur un scénario spécifique. Celui-ci est original et drôle, vous pensez qu'un des acteurs les plus en vogue de Los Angeles serait excellent pour le rôle principal. Mais le scénario ne fonctionne pas. Il est inconsistant, la fin est bien meilleure que le début et il y a beaucoup trop de personnages. Vous ne voulez pas perdre ce contrat, mais vous ne pouvez pas vous engager sur une histoire qui n'est pas au point.

Vous êtes chef de développement sur un projet dont le tournage commence dans trois semaines. Pourtant vous venez de recevoir le scénario, et il fait encore 138 pages. Le deuxième acte a des longueurs et la vedette n'aime pas la façon dont son personnage est développé au deuxième acte.

Il s'agit de cas de figures fréquents qu'il faut résoudre pour que votre scénario fonctionne. Il s'agit en fait, essentiellement de problèmes de structure. Ce n'est pas l'histoire qui n'est pas bonne, mais la façon dont elle est construite. Si votre scénario ne fonctionne pas encore, par où allez-vous commencer ?

LA STRUCTURE EN TROIS ACTES

L'écriture et la réécriture exigent d'allier un esprit de synthèse avec une grande capacité à percevoir les détails. De même que le scénario, ce processus a un début, un milieu et heureusement une fin.

Une partie de l'écriture et de la réécriture d'un bon scénario implique de trouver une structure forte qui va soutenir l'histoire. Cela signifie construire votre histoire d'une façon qui lui donnera une forme, un point de focalisation, un rythme et une certaine clarté. Vous devrez trouver des façons d'aider les spectateurs à suivre votre histoire, et à ne jamais relâcher leur attention. Vous devez travailler votre histoire de façon dramatique.

La composition dramatique depuis les débuts du théâtre a eu tendance à s'orienter vers une structure en trois actes. Les tragédies grecques, les pièces en cinq actes de Shakespeare, les séries dramatiques en quatre actes, ou même les films-de-la-semaine en sept actes conservent intrinsèquement la structure en trois actes fondamentale : le début, le milieu et la fin - **l'exposition (the set-up)**, **le développement (the development)** et **la résolution (the resolution)**.

Dans la plupart des pièces en trois actes, chacun des actes est clairement identifié - le rideau descend à la fin du premier acte, désignant ainsi la fin de la phase d'exposition et à la fin du deuxième acte pour montrer la fin du développement, puis le troisième acte se déroule, et nous conduit vers le climax et la résolution.

La télévision n'hésite pas à sectionner les films de façon artificielle pour montrer des publicités, créant ainsi une structure en deux actes (pour les sitcoms), en sept actes (pour un téléfilm de deux heures), en quatre actes (pour une série dramatique). Mais dans un bon programme de télévision, la structure en trois actes est toujours contenue à l'intérieur de ces fins d'actes plus artificielles. On retrouve clairement l'exposition des faits, le développement et la résolution.

Bien qu'il n'y ait pas d'escales prévues quand on regarde un long métrage, la structure en actes est toujours perceptible, elle aide à faire avancer et à focaliser l'histoire. En raison de ces similitudes entre toutes les formes dramatiques, mes commentaires sur la structure des longs métrages sont aussi valables pour la télévision et le théâtre.

Ces actes, pour un long métrage incluent, en général, l'exposition de l'histoire en dix à quinze pages, suivie d'environ vingt pages de développement au premier acte, d'un long second acte qui peut aller jusqu'à quarante-cinq à soixante pages et d'un troisième acte qui a un rythme assez rapide de vingt à trente-cinq pages. Chacun de ces actes est focalisé sur un élément distinct, les transitions entre deux actes sont rendues possibles par une action ou un événement qu'on nomme **un pivot (a turning point)**. On peut esquisser un schéma de cette structure en trois actes :

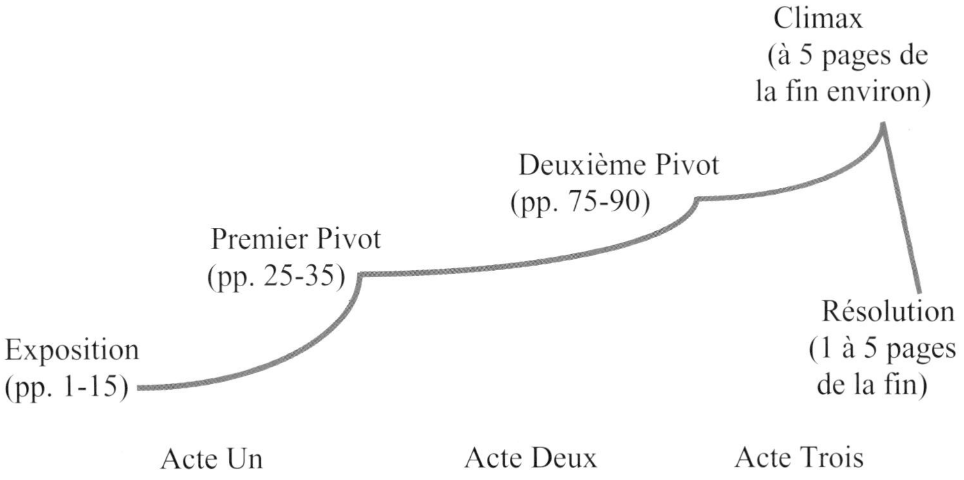

Chaque section de cette structure a des buts différents. Les buts accomplis par les scènes d'exposition sont différents de ceux du deuxième pivot. Le type de développement du premier acte est différent de celui du deuxième acte. Le rythme de l'Acte Trois est, en général, plus rapide que celui des deux autres actes. Il est plus facile de retravailler le scénario après avoir clairement perçu ce qui allait constituer l'exposition, les pivots et la résolution.

Les scènes d'exposition
Les toutes premières minutes d'une histoire peuvent s'avérer être les plus importantes. Beaucoup de scénarios rencontrent des problèmes dans les scènes d'exposition. Elles ne sont pas claires et elles partent dans tous les sens. Ou bien elles présentent tout, sauf l'histoire.

Ces scènes sont censées nous donner tous les renseignements cruciaux dont nous avons besoin pour lancer l'histoire. Qui sont les personnages principaux, quel est le sujet traité ? Où se situe l'action ? S'agit-il d'une comédie, d'un drame, d'une farce ou d'une tragédie ?

Les scènes d'exposition sont destinées à donner un indice sur **la courbe dramatique (spine)** ou la **direction (direction)** de l'histoire. Elles permettent de commencer à canaliser les situations vers une ligne narrative cohérente. Cela donne du mouvement à l'histoire. Cela aide aussi le public à s'orienter. Il peut alors apprécier le spectacle sans avoir à se poser des questions telles que : De quoi s'agit-il ?, Que font-ils ?, Pourquoi le font-ils ?

Commencez avec une image
Dans la plupart des bons films, l'exposition commence par une **image**. Celle-ci nous permet de visualiser clairement le lieu, l'atmosphère, la texture et quelquefois même le thème du film. Choisissez une image initiale telle qu'une bataille spatiale (*La Guerre des étoiles*), des gangs de rues dans New York, (*West Side Story*), une femme qui chante dans les montagnes, *The Sound of Music* (*La Comédie du bonheur*), ou des statues de lions qui gardent, de façon menaçante, une bibliothèque hantée (*SOS fantômes*).

Les films qui commencent avec un dialogue, plutôt qu'avec une image visuelle particulière, ont tendance à être plus difficiles à comprendre, parce que l'on perçoit les détails visuellement plus rapidement que de façon auditive. Si un renseignement important est donné verbalement avant que les spectateurs ne se soient adaptés au style, au lieu et au son, ils auront du mal à se souvenir des paroles. Par conséquent, ils auront du mal à faire le lien entre ce qu'ils viennent d'entendre et l'histoire.

Donc commencez avec une image, une idée du lieu, du rythme et du style du film. Faites-nous percevoir le plus d'éléments possibles grâce à cette image. Mettez-nous dans l'atmosphère du film et si possible créez une métaphore pour ce film. Dites-nous quelque chose sur le thème à travers les images que vous créez.

La plupart des films populaires ont créé des images vibrantes et mémorables. Examinons deux d'entre eux *Witness* et *The African Queen.*

Les trois premières minutes de *Witness* sont complètement orientées de façon visuelle. Il y a de la musique en arrière-plan, et on voit :

> Des épis de maïs emportés par le vent.
> Des Amish habillés en costumes traditionnels noirs qui marchent à travers les épis de maïs.
> Les calèches des Amish qui avancent au rythme du clic-clac des chevaux.
> Une ferme.
> Des funérailles.
> Des visages.
> Et les premiers mots que nous entendons sont en Vieil Allemand.

Qu'avons-nous appris grâce à ce que nous venons de voir dans ces premières minutes de *Witness* ?

Witness commence avec un rythme particulier et une allure lente et lyrique. Ces tout premiers moments de *Witness*, présentent des gens aimables qui vivent en communauté, ce qui évoque le partage et l'entraide. Ils sont proches de la terre, ce qui est indiqué par les images des grains de maïs. Leur mode de vie est plus lent que celui des gens qui habitent des villes. On perçoit qu'il existe des liens forts entre ces individus et la terre ainsi qu'au sein de cette communauté.

Dès ces quelques premières minutes de film le **thème** de la communauté est présenté. Au fur et à mesure que l'histoire progresse, nous voyons cette image prendre de l'ampleur, et l'on perçoit encore mieux le contraste qui existe avec le monde plus violent et plus rapide de la police.

Remarquez aussi qu'il n'y a pas de dialogue ici. Les images se construisent détail par détail, jusqu'à ce que nous saisissions quel est le lieu, le rythme, l'atmosphère et la texture du film.

The African Queen commence par donner une idée du contexte et de la texture en décrivant : « Un village d'indigènes dans une clairière entre la jungle et la rivière. Tard dans la matinée. »

PLAN ÉLOIGNÉ D'UNE CHAPELLE
Une lumière et une chaleur intense, un silence étouffant. Puis le SON d'un orgue aigu, de deux voix qui prononcent les mots distinctement, et une variété de voix : timides, étouffées et traînantes qui entament un hymne.

VOIX
(chantant)
« Guide-moi, O, Toi, le Grand Jehovah. »

INT. CHAPELLE. LE LONG DE LA CHAPELLE AUSTERE, LA CAMERA PARCOURT TOUTE LA CONGREGATION ET S'ARRETE SUR LE FRERE DE ROSE QUI EST DEBOUT AU PUPITRE PUIS SUR ROSE QUI JOUE DE L'ORGUE.

FRERE
« Pèlerins à travers ce pays stérile. . . »

Le Frère est d'âge mûr. Il a des traits taillés dans le roc et il est chauve. Il transpire péniblement, et il est très attentif à ses fidèles. Il chante aussi fort qu'il le peut de façon plutôt nasillarde. Il essaie de faire entrer en eux la signification de chaque mot, comme s'il tapait sur un clou avec un marteau. Il bat la mesure avec la main et il essaye d'accélérer le tempo qui traîne.

FRERE
« Je suis faible, mais Tu es puissant. . . »

Rose, la trentaine, les traits et les cheveux tirés. Elle appuie vigoureusement sur les pédales de l'orgue en écartant les palettes de bois qui contrôlent le volume avec ses genoux. Elle fait des pauses de durées diverses, pour rendre certaines phrases plus expressives, elle est tendue et essaie désespérément de déchiffrer le recueil d'hymnes ouvert devant elle. Elle arrive tout juste à jouer les bonnes notes. Elle est très active. Elle aussi chante de son mieux et le plus fort possible.

ROSE
« Serre-moi dans Tes mains puissantes. »

Au coeur de cet instant de communion pieuse et passionnée on aperçoit :

Une colonne de fumée et de feu, un SON étrange, de plus en plus fort : le son syncopé, geignant et flatulent d'un moteur à vapeur rachitique. Les yeux des gens de la congrégation se détachent des hymnes. Le Frère fronce les sourcils et chante encore plus fort pour s'efforcer d'imposer l'ordre, mais ses fidèles ne prêtent plus guère attention à l'hymne.

PLAN ÉLOIGNÉ - L'AFRICAN QUEEN
Dont le sifflet laisse s'échapper la vapeur en une lamentation, puis se REPETE, avec beaucoup de suffisance. L'African Queen est trapue, à fond plat d'une longueur de trente pieds, son auvent déchiqueté pendant à environ deux mètres de la poupe. La chaudière et le moteur traînent au milieu du pont. Une cheminée large et lourde s'élève légèrement plus haut que l'auvent.

DEUXIÈME GÉMISSEMENT

CUT TO :

PLAN MOYEN RAPPROCHÉ - ALLNUTT - SUR SON BATEAU

Il porte des vêtements blancs usés, et plutôt souillés. Il est pieds nus, les pieds tendus vers le haut. Il est appuyé sur ses omoplates et fume un mauvais cigare. Il porte un canotier miteux, à l'oblique, pour se protéger de la lumière du soleil. Il est assisté par deux jeunes nègres qui sont si grands, si maigres et si freluquets, qu'ils font penser à des macaronis noirs. L'un d'entre eux est affairé fièrement avec le moteur ce qui demande beaucoup d'attention. L'autre évente Allnutt, qui a l'air de se sentir tout à fait bien. . . La Reine commence à tanguer vers le rivage.

On garde cette image à l'écran alors qu'on entend un brouhaha provenant de la frustration du Frère et de Rose qui essayent d'inciter les fidèles à achever dignement l'hymne. Allnutt s'approche. Il fume un cigare et apporte le courrier.

Cette première image est riche de contrastes. Dans les minutes qui suivent on nous présente aux « noirs païens » et aux « indigènes christianisés ». On nous présente aussi les missionnaires blancs pieux et Allnutt qui est tout le contraire. On nous présente Rose qui est très collet monté et Allnutt qui est tout à fait décontracté.

On découvre ceux qui chantent et ceux qui ne chantent pas, et cet homme et cette femme blanche « civilisés », qui s'efforcent d'imposer un certain ordre aux « primitifs ». A l'intérieur de ce monde, déferle une bouffée de fumée et le son d'un sifflet établit un lien entre cet endroit éloigné de tout et les problèmes de la guerre mondiale.

Comment trouver le catalyseur ?
L'histoire commence après l'image initiale et il nous faut alors découvrir tous les personnages qui auront un rôle dans l'intrigue principale ainsi que des renseignements sur la situation générale : « Où sommes nous ? Que se passe-t-il dans cette histoire ? » Il est parfois nécessaire d'utiliser un événement pour démarrer une histoire que l'on peut nommer : **le catalyseur (the catalyst)**.

Le catalyseur déclenche l'action de l'histoire, il se passe quelque chose, une explosion, un meurtre, l'arrivée d'une lettre ou de Tante Marie sur le pas de votre porte, et à partir de ce moment, l'histoire est définie. Nous savons quel en est le sujet et nous pouvons imaginer quelle sera la courbe dramatique de l'histoire.

Le catalyseur est le premier vrai « ressort » qui fait avancer l'intrigue. Quelque chose se passe ou quelqu'un prend une décision. Le personnage principal s'est mis en branle, l'histoire a commencé.

Il y a trois sortes de catalyseurs différents, les plus forts sont des actions spécifiques qui commencent une histoire. Dans *Witness*, il s'agit d'un meurtre. On fait alors appel à John Book pour trouver le coupable. Dans *SOS fantômes*, quelqu'un a aperçu un fantôme dans une bibliothèque et dans *Les Dents de la mer*, un nageur est tué par un requin.

Parfois le catalyseur est un élément d'information qu'un personnage reçoit, ce qui nous oriente vers le sujet de l'histoire. C'est le cas dans beaucoup de films-de-la-semaine, dont les sujets sont généralement centrés sur un problème de société : la criminalité ou la maladie (une femme apprend qu'elle a un cancer) ; un homme est promu à un nouveau travail ; un couple apprend qu'il n'aura jamais d'enfants.

Quelquefois, un catalyseur est lié à une situation et à une série d'incidents qui s'ajoutent pendant un certain temps pour nous permettre de nous orienter. Dans *Retour vers le futur*, on ne sait pas qu'il existe une machine temporelle pendant les vingt-deux premières minutes du film. Mais nous savons qu'un inventeur fou est l'un des personnages principaux. On sait également que Marty est censé le rencontrer à une heure quinze du matin à Twin Pines Mall, et qu'il s'agit d'une rencontre importante et secrète. Notre curiosité s'accroît au fur et à mesure que la situation se construit. Finalement, à la fin du premier acte, on perçoit clairement la courbe dramatique de l'histoire.

Tootsie commence également par l'évocation d'une situation. On sait que Michael est un acteur sans travail et qu'il est difficile de travailler avec lui. C'est un bon acteur mais personne ne l'emploiera à cause de son comportement. Et l'on sait qu'il y a un job disponible dans un soap pour une femme. Cela prend pour ainsi dire tout le premier acte pour établir l'ensemble de ces renseignements, mais à la fin de l'Acte Un, nous savons où nous allons et l'histoire est prête à se développer.

Posez la question centrale

L'exposition cependant n'est pas totalement achevée. Même si l'image initiale nous a permis de nous orienter et que le catalyseur a enclenché l'histoire, il manque encore un ingrédient nécessaire supplémentaire avant que l'histoire puisse véritablement commencer.

Chaque histoire, d'une certaine façon, est un mystère. Elle pose une question dans les scènes d'exposition dont la réponse sera donnée lors du climax. En général, on nous présente un problème qui a besoin d'être résolu. Cette situation particulière suscite en nous une question telle que : « Est-ce que John Book parviendra à arrêter l'assassin ? » (*Witness*) ; « Est-ce que les Allemands auront à payer pour le massacre qu'ils ont causé ? » (*The African Queen*) ; « Est-ce que Martin attrapera le requin ? » (*Les Dents de la mer*).

Une fois que cette question est posée, tout ce qui se passe dans l'histoire devra avoir un lien avec cette question. La plupart du temps à la **question centrale** on répond « oui » lors du **climax** de l'histoire. « Est-ce que John Book parviendra à arrêter le meurtrier ? » Oui. « Est-ce que Allnutt et Rose feront sauter *Le Louisa* ? » Oui. « Est-ce que Martin attrapera le requin ? » Oui. Mais nous n'apprenons cette réponse qu'à la fin et bien que nous puissions la deviner, nous continuons à nous intéresser à ce qui se passe tout au long du film.

Une fois que la question centrale a été posée, l'exposition est complète. L'histoire est maintenant prête à être développée.

Présenter l'action de l'Acte Un

A la fin de l'Exposition, il s'est déroulé probablement dix à quinze minutes. C'est important que cette exposition soit courte afin que le public ne s'impatiente pas. Il y a naturellement un certain nombre de films étrangers et quelques films américains qui font attendre le public beaucoup plus longtemps pour lui donner une idée de la courbe dramatique. Mais plus l'histoire est lente à démarrer, plus il y a de risques qu'il n'y ait pas de courbe dramatique du tout ou que le public ne la trouve pas. Bien que certains de ces films soient esthétiquement réussis, ils ont rarement du succès. Pourtant, vous pouvez avoir à la fois un scénario artistique et bien construit, sans pour autant faire de compromis. Je vous recommande pour cela d'établir un début clair, net et serré.

Cette exposition va être suivie par le Développement de l'Acte Un. Après l'exposition, nous aurons besoin de renseignements supplémentaires pour nous orienter. Nous avons besoin de plus de détails sur les personnages, qu'on devra voir agir, avant qu'ils soient développés à l'Acte Deux. On a besoin de plus de renseignements sur **l'histoire antérieure (the backstory)**, c'est-à-dire sur ce qui a précédé l'histoire décrite dans le film et sur **la situation** générale : D'où vient le personnage principal ? Quelles sont ses motivations ? Quel est le conflit central ? Qui est son opposant ?

Pour analyser l'Acte Un, nous devons comprendre **les temps forts (beats)** qui nous préparent au développement de l'histoire.

Un temps fort est un moment dramatique unique. Dans la musique, ce sont ces différents temps forts qui constituent une mesure. Si vous en ajoutez d'autres, vous créez une phrase puis une mélodie, et finalement une chanson entière. Dans un texte dramatique, cela fonctionne de la même façon. Des temps ou des moments dramatiques isolés, une fois rassemblés, créent une scène. Et l'association des temps forts des différentes scènes crée un acte, celle des temps forts de chaque acte crée une histoire.

Dans *Witness*, il y a un certain nombre de temps forts nécessaires qui définissent l'action centrale de l'Acte Un, qui consiste à essayer d'identifier le meurtrier :

John Book montre à Samuel un suspect pour qu'il l'identifie.

John s'arrange pour que Rachel et Samuel puissent rester un jour de plus.

John montre à Samuel différents suspects à identifier.

John montre à Samuel des photos d'identité judiciaire.

Samuel voit la photo de MacFee et l'identifie comme étant le meurtrier.

John Book le dit au préfet de police Paul Schaeffer.

MacFee essaie de tuer John et John se rend compte que Paul sait quelque chose sur ce meurtre.

Ces temps forts ne sont pas les points les plus importants de l'histoire, ni le sujet de cette histoire. Mais ils nous préparent à ce qui arrive ensuite.

A quoi servent les Pivots ?
Une bonne histoire demeure toujours intéressante. Elle conserve l'intérêt du public grâce aux tournants et aux renversements imprévisibles et bizarres de l'action jusqu'à ce qu'on atteigne le climax. Si l'histoire était complètement linéaire et se développait totalement dès la première impulsion du catalyseur jusqu'au climax, notre intérêt retomberait et le point de focalisation ne serait pas clair.

Bien que des tournants et des renversements puissent avoir lieu tout au long de l'histoire, dans une structure en trois actes il faut qu'il y ait deux pivots pour que l'action continue à progresser, l'un au début de l'Acte Deux et l'autre au début de l'Acte Trois. Ceux-ci permettent à l'action de changer de direction. De nouveaux événements se déroulent. De nouvelles décisions sont prises. Grâce à ces pivots, l'histoire acquiert une dynamique et conserve son point de focalisation.

Généralement, le premier pivot a lieu après une demi-heure de film, et le second vingt ou trente minutes avant la fin du film. Chacun de ces pivots accomplit une variété de fonctions :

Ils font évoluer l'action dans une nouvelle direction.

Ils reposent la question centrale, et nous incitent à trouver une réponse.

C'est souvent un moment de décision ou d'engagement de la part du personnage principal.

Ils relancent les enjeux.

Ils font progresser l'histoire vers l'acte suivant.

Ils nous conduisent vers un nouveau lieu où se déroule l'action et nous font percevoir un nouveau centre de focalisation pour l'action.

Un pivot fort va accomplir chacune de ces fonctions, alors que de nombreux pivots n'en accompliront que quelques unes.

Witness est l'un des meilleurs exemples d'un scénario structuré sans moments de relâchement, et les pivots de ce film font partie des pivots les plus forts que l'on puisse trouver. Le premier pivot se situe à environ trente-deux minutes du film, juste après que John Book finisse d'expliquer au préfet de police Paul Schaeffer que le jeune garçon a identifié McFee.

Schaeffer demande alors à John Book si quelqu'un d'autre est au courant. Book répond que personne ne l'est à part eux deux. Shaeffer suggère que les choses en reste là. John Book retourne alors chez lui, et il fait l'objet d'une embuscade menée dans son propre garage par McFee. Lorsqu'il se rend compte qu'il a été blessé, il se rappelle des mots de Schaeffer : « Qui d'autre est au courant ? » et de sa réponse : « Personne d'autre que nous. »

Regardez ce que cela accomplit. Jusque-là John, s'était mis à la recherche du meurtrier en suivant les méthodes traditionnelles. Il a vérifié l'identification du suspect, il a suivi la méthode habituelle et il semblerait maintenant que son travail soit terminé. Paul a dit qu'il se chargerait de tout. L'action est presque arrivée à un temps mort.

Mais avec ce pivot, soudain tout devient différent. Une action forte a lieu : MacFee essaie de tuer John Book et grâce à cette action, John se rend compte que Paul a participé à ce crime. A ce moment, nous nous demandons à nouveau si John va arrêter le meurtrier. Avant on avait l'impression que la réponse allait être positive. Elle semble désormais ne plus être qu'hypothétique.

Les enjeux sont maintenant plus grands. John doit partir, il doit s'échapper. Sa vie et celles de Rachel et de Samuel sont en danger pour la première fois. A ce moment, John prend quelques décisions : détruire les dossiers, reconduire Rachel et Samuel à leur ferme et disparaître jusqu'à ce que la situation se calme.

Dans *Witness*, nous voyons des exemples de pivots qui comportent deux différentes sortes de temps forts. Le premier a lieu lorsqu'on tire sur John et qu'il se rend compte que Paul est un assassin. Ceci transforme l'action et nous fait sortir de l'Acte Un. Mais nous avons besoin d'un autre temps fort pour nous propulser dans l'Acte Deux. A ce moment, nous savons simplement que John a l'intention de s'échapper. Mais l'action de l'Acte Deux qui consiste pour lui à rester à la ferme Amish n'a pas encore commencé. Cela se passe lorsque John s'évanouit à cause de ses blessures et rentre dans une volière avec sa voiture. Il doit alors se cacher à la ferme des Lapp.

Un moment plus tôt John avait l'intention de repartir. Et l'action de l'Acte Deux aurait pu consister à décrire un homme qui se cache dans un hôtel minable. Maintenant, John est forcé de rester à la ferme Amish et le deuxième acte tournera autour des conséquences de ce choix.

Dans *Tootsie*, le premier acte construit progressivement une série de détails sur Michael, ses capacités d'acteur et de professeur de diction. On découvre qu'il a un caractère difficile et qu'il est à la recherche d'un emploi. Mais grâce au premier pivot, après les vingt-deux premières minutes du film, Michael est devenu Dorothy. Et l'Acte Deux explore les rebondissements et les intuitions d'un homme qui est devenu une femme.

Dans *The African Queen*, au bout d'une demi-heure environ, après qu'Allnutt et Rose soient partis pour on ne sait où, Rose décide de torpiller le bateau allemand *Le Louisa*, et Allnutt finit par accepter cette idée. Cette décision conduit vers l'Acte Deux qui traitera de ce voyage.

Le deuxième pivot

Au bout d'une heure de développement de l'Acte Deux, un nouveau pivot renverse l'action en la faisant avancer vers l'Acte Trois. Ce deuxième pivot a exactement les mêmes fonctions que le premier pivot.

Mais il accomplit quelque chose de plus : il accélère l'action, il rend le troisième acte plus intense que les deux autres. Il donne un sens d'urgence et d'élan à l'histoire et il entraîne l'histoire vers sa conclusion.

Parfois un deuxième pivot fonctionne comme un compte à rebours. On trouve ce type de formule dans les James Bond : « Vous avez six heures ou je fais exploser Paris ! » ou : « Si vous ne faites pas ce que je désire dans les prochaines vingt-quatre heures, je vous dénoncerai à la police ». Ou encore : « Ils viendront vous chercher à midi ! »

Parfois le deuxième pivot consiste en deux temps forts : un *moment sombre*, suivi par un *nouveau* stimulus.

Dans un mystère, ce moment sombre peut se produire lorsque le détective a presque décidé d'abandonner car le cas à l'air insoluble. Or soudain, le détective entrevoit la solution et au cours du troisième acte il trouve le coupable. Dans un film d'horreur, le moment sombre se produit, par exemple, lorsque le scientifique se rend compte qu'il ne sera jamais capable de détruire le monstre, or quelques instants plus tard, il conçoit un nouveau plan.

Dans *Cocoon,* on voit un exemple excellent d'un pivot en deux parties. Après que les gens de la maison de retraite aient dragué l'énergie de la piscine, Walter voit que l'Antérien dans le cocon meurt. Cette mort est un moment sombre pour Walter, elle fait courir un risque à sa mission et augmente les enjeux. Tout semble être perdu. Sa mission a échoué mais un nouvel élément stimulateur se produit cinq minutes plus tard. Le personnage du grand-père fait en sorte que les retraités se portent volontaires pour aider à remettre les cocons dans la mer pour les sauver afin qu'ils puissent accomplir leur futur voyage.

Un nouveau stimulus, une nouvelle solution, est trouvée pour résoudre le problème et nous conduire vers l'Acte Trois.

Dans *Witness* le second pivot correspond au moment où John est découvert et lorsque Paul et McFee savent désormais où il se cache. Cette découverte a lieu en plusieurs temps forts :

> John apprend que son partenaire est mort et prévient Paul qu'il va se mettre à sa poursuite.
>
> Quand des jeunes voyous essaient de provoquer une bagarre avec les Amish, John rend service à ces derniers.
>
> Un policier va au coin de la rue et se rend compte qu'il s'agit de l'homme décrit par Paul. Hors cadre, il dit à Paul que John se cache chez Eli Lapp.

Le second pivot a lieu au moment où John donne un coup de poing à l'un des voyous qui s'écroule. Ceci, et le fait que la police identifie John Book, contribuent à renverser l'action et à conduire à la fusillade finale de l'Acte Trois.

LA GRANDE FIN

Le climax a lieu en général à une ou cinq pages de la fin d'un scénario. Il est suivi par une courte **résolution** qui reprend tous les thèmes qui n'avaient pas encore abouti. Le climax correspond à la fin de l'histoire : C'est *la grande fin*. C'est le moment où on a répondu à la question, la tension retombe, et les problèmes sont résolus.

> John capture Paul et nous savons qu'il ne reste plus qu'à dire au revoir.
> Marty « retourne vers le futur ».
> Tootsie est démasqué et séduit celle dont il est amoureux.
> Les éliminateurs de fantômes attrapent leur proie la plus importante de même que Martin et Matt dans *Les Dents de la mer*.

Une fois que le climax a été atteint, le jeu est fini et il est temps de rentrer chez soi. Il n'y a plus rien à dire et c'est une bonne idée de ne rien ajouter, bien qu'on puisse avoir la tentation de prolonger l'histoire, d'ajouter d'autres renseignements ou une image de plus. C'est fini et il est temps d'écrire « Fin ».

Pour consolider la structure d'un scénario il faut fabriquer son troisième acte, mais il y a d'autres méthodes : savoir utiliser la séquence du générique et la scène centrale afin de contribuer à façonner le scénario encore mieux.

LA SEQUENCE DU GENERIQUE

Un film peut commencer de trois façons différentes : plusieurs minutes de générique peuvent précéder le début de l'histoire de façon très simple, avec des lettres blanches sur un écran noir ou le contraire. C'est le cas de la plupart des films de Woody Allen. Par contre, il peut s'agir d'un générique conçu de façon très belle (comme dans la plupart des films d'avant 1950 et des films tels que *Room with a View (Chambre avec vue)* ou *The Age of Innocence* (*L'Age de l'innocence*).

Le générique peut d'autre part être présenté par-dessus les images et une action en général sans dialogues. C'est le cas dans *The Silence of the Lambs, (Le Silence des agneaux*), *Les Dents de la mer, Liaison fatale*, de telle sorte que le cinéaste est en train de présenter une grande quantité de renseignements pendant le générique bien que l'histoire n'ait pas encore commencé.

Depuis les années 80, il y a eu une nouvelle approche du générique. Un nombre de plus en plus important de films ont une séquence qui précède le générique. Dans la plupart des cas, il s'agit d'un montage de deux ou trois minutes ou d'une ou deux scènes courtes qui présentent les personnages, ou bien d'une scène ou deux qui établissent le contexte ou la situation. Ces scènes initiales sont ensuite suivies soit par des séquences de générique écrites (*City Slickers*) ou des séquences de générique qui défilent par-dessus une action (*WarGames*). L'utilisation de ce type de séquence permet à l'auteur de présenter son histoire en deux temps : en établissant d'une part la situation, puis les personnages principaux. C'est le cas dans *SOS fantômes*. On aperçoit un fantôme dans la bibliothèque, le générique défile et l'on découvre ensuite les personnages principaux. De même dans *Broadcast News,* les personnages sont présentés enfants, on voit le générique, puis l'on retrouve les personnages qui sont devenus journalistes.

Dans la plupart des cas, ces séquences sont courtes (2 à 3 min) Mais ce n'est pas toujours le cas. On en trouve une de 7 minutes au début de *WarGames*, et une de la même durée au début de *Born on the Fourth of July*.

Dans ces deux cas, ce type de séquence établit le contexte, mais l'histoire ne commencera qu'après le générique.

La plupart des chefs de développement, des producteurs et des réalisateurs diront au scénariste que le générique ne relève pas d'eux. Il n'a donc que très rarement à s'en préoccuper, cependant il doit être capable d'en communiquer la structure au lecteur et au producteur.

L'utilisation du générique est devenue très créative ces dernières années. Dans *Le Fugitif,* il est éparpillé au cours des onze premières minutes. Il commence par-dessus les *images* du meurtre en noir et blanc filmées au ralenti et des éléments apparaissent pendant les scènes de l'arrestation et de l'interrogatoire de Richard Kimble.

Le générique s'arrête pendant quelques minutes puis recommence après la condamnation de Kimble et continue alors que le bus l'emmène en prison. Ici, ce procédé divise le début du film en plusieurs sections ce qui lui donne un rythme rapide.

LA SCENE CENTRALE

La scène centrale a lieu exactement là où vous l'attendez : environ à la moitié du scénario. Syd Field dans *The Screenwriter's Workbook* dit que cela divise l'histoire en deux, en introduisant un événement ou une ligne de dialogue qui aide à structurer l'Acte Deux.

J'ai travaillé comme consultante sur plus de 1500 scénarios et donné des cours sur les meilleurs films. Pendant cette double expérience, je n'ai pas systématiquement trouvé de scènes centrales dans chaque film. Mais quand j'en trouve, il s'agit d'instruments de structuration excellents qui contribuent à structurer le second acte qui est un acte difficile.

A part diviser le scénario entier en deux, la scène centrale divise le deuxième acte en deux. Ceci crée une direction pour la première moitié de l'Acte Deux et donne un changement de direction à la deuxième moitié de l'acte, tout en conservant la focalisation générale de l'Acte Deux qui a été déterminée par le premier pivot.

On trouve les meilleures scènes centrales dans les intrigues policières et les thrillers. Dans *Liaison fatale*, Alex annonce qu'elle est enceinte à la moitié du film. Tout l'Acte Deux traite de la façon dont Michael Douglas va s'efforcer de se débarrasser d'Alex mais le point central de la scène la conduit de nouveau involontairement dans sa vie.

Dans *Le Fugitif,* Richard Kimble, obtient des informations par ordinateur sur le manchot à la moitié du deuxième acte. Ici, la première moitié de l'acte traite de comment s'échapper et se rendre à Chicago : il s'agit essentiellement de scènes de poursuite. Lors de la deuxième moitié de l'Acte Deux Richard mène une enquête sur le manchot et Sam Gerard sur Richard. Bien que le film ne perde jamais de vue le fait que Gerard désire trouver Richard, les enquêtes de Richard contribuent à améliorer la structure de l'acte.

Dans *Le Silence des agneaux,* Hannibal Lecter est transféré à Memphis lors de la scène centrale ce qui transforme la direction de la deuxième moitié de l'Acte Deux. La scène centrale de *Tootsie* montre que la célébrité de Dorothy augmente au moment où elle devient la chérie du public et des médias et qu'elle apparaît dans les magazines nationaux.

Utiliser la scène centrale peut être déroutant pour de nombreux auteurs. Au cours de mon travail de consultante, j'ai découvert que beaucoup d'auteurs confondent le point central avec le premier pivot, ce qui décale la structure et crée des scénarios où le deuxième acte ne commence pas avant la moitié du scénario. Cependant si l'auteur commence par créer une structure claire en trois actes, souvent la scène centrale surgira d'elle-même. Puis, au cours du processus de réécriture, l'auteur peut continuer à consolider et concentrer la scène, rendre la scène plus solide et plus focalisée.

QU'EST-CE QUI NE VA PAS DANS LA STRUCTURE ?

Vous verrez rarement un film où chacun des actes est aussi bien structuré que les autres. Tout le monde à Hollywood ne sait pas comment structurer un scénario et d'ailleurs les scénaristes brillants ne sont pas nécessairement des gens qui savent structurer leur texte de façon brillante. Par conséquent, la plupart des films auront des défauts dans l'un de leurs actes.

Quelquefois, vous verrez des scènes d'exposition très lentes. Par exemple, le film extraordinaire *Tender Mercies* a des scènes d'exposition subtiles et longues qui demandent beaucoup de patience avant que l'histoire ne démarre véritablement. C'est le cas également de *Kiss of the Spider Woman* (*Le Baiser de la femme araignée*), qui se concentre sur les personnages et l'image au début du film et le premier catalyseur est présenté hors cadre, lorsque le personnage interprété par William Hurt accepte de rassembler des renseignements sur son compagnon de cellule. Il s'agit d'un établissement tardif, vingt minutes environ après le début du film.

Au cinéma, il est rare que les spectateurs sortent après les vingt premières minutes d'un film. Par contre, s'il s'agit d'une émission télévisée, des scènes d'exposition lentes sont insupportables et les spectateurs changeront de chaîne. Certains films présentent leur premier pivot trop tard. Il en résulte un relâchement de l'action à l'Acte Un et une condensation du développement de l'Acte Deux. Et les spectateurs se désintéresseront vraisemblablement de cette histoire. Ceci est le cas dans *Awakenings* (*L'Eveil*), où le premier pivot arrive tardivement (à environ quarante-trois minutes du film) et le deuxième acte qui traite de thèmes plus heureux se retrouve dès lors condensé.

Certains deuxièmes pivots ont lieu trop tôt, par conséquent l'Acte Trois donne l'impression de traîner, ou bien trop tard. Dans ce cas, il n'y a pas assez de temps pour développer la tension et le suspense qui conduisent au grand final.

Certains films ont une longue résolution qui n'en finit pas, même après que le climax ait été atteint. Celles de *Passage to India* (*La Route des Indes*) et *The Color Purple* (*La Couleur pourpre*) durent plus de vingt minutes, ce qui a suscité des critiques. Si la résolution est trop longue, les spectateurs ne perçoivent pas de fin claire ou ils ont l'impression d'avoir déjà vu la fin et ils se demandent pourquoi le film n'est pas déjà fini.

Witness est l'un des meilleurs films à étudier pour apprendre à travailler la structure. Ce film est clair et concis. On peut sentir le mouvement d'acte en acte et observer comment les lieux du conflit et l'action changent.

On peut étudier également d'autres films bien structurés : *Impitoyable, Le Fugitif, Y a-t-il quelqu'un pour tuer ma femme ?, Retour vers le futur* et *Tootsie*. Comme dans beaucoup de films les pivots ne sont pas apparents lorsque l'on voit ces films pour la première fois. Mais le test est toujours le même.

Si vous êtes concentré d'un bout à l'autre du film, que votre intérêt ne retombe pas et que l'histoire ne ralentit pas, vous pouvez être pour ainsi dire sûr que le scénario est bien structuré.

APPLICATION

L'essentiel du travail de réécriture consiste à restructurer l'histoire. Les trois actes sont rarement clairs dès la première version. En général, l'un des actes est plus fort que les autres. Parfois, un pivot est déplacé ou bien il peut être faible, ce qui entravera le mouvement du scénario d'acte en acte.

Lorsque vous étudiez la structure de votre scénario, posez-vous les questions suivantes :

> Avez-vous commencé avec une image ?
>
> Cette image donne-t-elle une idée du style et de l'atmosphère de l'histoire ?
>
> Est-ce que vous avez un catalyseur clair pour commencer l'histoire ? Est-il fort et dramatique, et de préférence exprimé par une action ?
>
> Est-ce que votre question centrale a établi le climax de votre histoire ? Est-elle claire ? Est-ce qu'elle est rappelée par les deux pivots ?
>
> Est-ce que vous avez un premier pivot clair ? Est-ce qu'il conduit vers l'action de l'Acte Deux ? Est-ce que votre deuxième pivot est clair ? Est-ce qu'il établit le climax ?
>
> Est-ce que votre climax est un grand final ? Est-ce que votre résolution est rapide ?

Maintenant, vous avez retravaillé votre ligne d'intrigue principale. Elle est à la fois cohérente, dramatique et dynamique. Mais vous aurez rarement une seule ligne d'intrigue. Votre prochaine étape importante consistera à intégrer les intrigues secondaires.

Les logiciels d'écriture

Phraseo regroupe dans un même logiciel tous les outils permettant d'organiser et de developper un projet d'écriture : auteurs, écrivains, scénaristes, traducteurs, journalistes, enseignants...

Mise en page automatique, Visualisation du séquencier en mode plan ou sous forme de fiches, éditions des dialogues par personnage, gestion des modifications, numérotation automatique des scènes ou des plans etc... la référence de plus de 3000 utilisateurs francophones.

et de Storyboarding

StoryBoard Quick est l'outil idéal de prévisualisation d'un storyboard professionnel. Scénaristes, producteurs réalisateurs peuvent, sans avoir de talent particulier pour le dessin, créer un storyboard utilisable en phase de pré-production ou pendant les séances de pitch.

Frame Forge offre aux metteurs en scène un cadre unique d'expérimentation visuelle. Construire un espace intérieur ou extérieur 3D, l'enrichir, disposer des personnages, sélectionner et positionner des caméras, simuler leurs mouvements, bref créer les conditions réelles d'un tournage.

DIXIT
EDITIONS

CHAPITRE TROIS

A QUOI SERVENT LES INTRIGUES SECONDAIRES ?

Une intrigue secondaire utile accomplit plusieurs fonctions. La plus courante consiste à ajouter une dimension au scénario. Le protagoniste doit accomplir une action et cela occupe son attention. Les intrigues secondaires lui donnent l'occasion de sentir des fleurs, de tomber amoureux, de s'adonner à son loisir préféré, ou d'apprendre une nouvelle technique.

Une bonne intrigue secondaire fait avancer la ligne narrative de l'intrigue, et a fréquemment pour conséquence d'en transformer la direction. Dans *Tootsie*, Michael aurait pu être heureux de continuer à prétendre être Dorothy pendant encore quelque temps. Mais lorsqu'il tombe amoureux de Julie, il est obligé de changer la direction de l'intrigue et de trouver une occasion de se démasquer. Dans *Witness*, l'attention que John porte à Rachel au coeur de l'intrigue secondaire augmente les enjeux de l'intrigue principale lorsque Paul la menace d'un revolver.

Une bonne intrigue secondaire affecte l'intrigue principale « A » en faisant avancer sa direction et en croisant cette direction à différents moments. L'intrigue et l'intrigue secondaire sont liées. Elles peuvent l'être parce que la personne dont le héros est amoureux dans l'intrigue secondaire est également le témoin de l'intrigue principale. Il peut y avoir une intersection parce que le kayak qui est une activité de loisir dans l'intrigue secondaire devient la façon pour les protagonistes d'échapper au danger dans l'intrigue principale (*Délivrance*).

Une bonne intrigue secondaire porte le thème de l'histoire. Dans *Dead Poets Society* (*Le Cercle des poètes disparus*), chaque garçon a une ligne narrative dans l'intrigue secondaire qui aide à développer les thèmes de la créativité et de la conformité. Dans *Moonstruck (Eclair de lune),* chaque direction de l'intrigue secondaire nous donne de nouveaux éléments sur le thème de l'amour.

Les intrigues secondaires peuvent traiter de n'importe quel thème. C'est souvent des histoires d'amour qui révèlent d'autres dimensions des personnages. Parfois, elles présentent des thèmes individuels importants sur l'identité, l'intégrité, l'avidité, l'amour ou l'idée de se trouver soi-même. Parfois une intrigue secondaire révèle la vulnérabilité du personnage. C'est souvent le cas dans les films policiers, dans lesquels le détective macho doit être solide et prêt pour tout ce qui peut se passer dans l'intrigue. Mais lorsqu'il se retrouve avec son amie ou sa mère, on découvre ses côtés les plus vulnérables.

Nous découvrons parfois les buts, les rêves et les désirs d'un personnage dans la ligne narrative de l'intrigue secondaire. C'est comme s'il était trop occupé à mener l'intrigue pour nous révéler beaucoup de choses sur lui. L'intrigue secondaire lui donne la possibilité de se détendre, de rêver, d'espérer et d'avoir une perception plus large de ce qui se passe.

Grâce à chaque temps fort, la ligne narrative de l'intrigue secondaire montre la transformation des personnages et le développement de l'identité d'un personnage, de son amour-propre et de sa confiance en lui. Ce qui nous aide à comprendre pourquoi et comment un personnage change.

Les lignes narratives des intrigues secondaires sont souvent les moments les plus intéressants.

Dans *Witness*, l'intrigue principale est plutôt conventionnelle, elle ressemble à celle de nombreux téléfilms policiers. Mais l'intrigue secondaire entre Rachel et John fait de ce film une histoire spéciale et unique. C'est ce dont nous nous souvenons le mieux et ce qui nous émeut et nous intéresse.

C'est le cas aussi de l'intrigue secondaire entre Rose et Allnutt dans *The African Queen*. L'intrigue est une histoire de guerre quelque peu conventionnelle. Il s'agit de faire sauter un bateau. Par contre, on voit des moments mémorables entre Charlie et Rose dans l'intrigue secondaire. Les personnages se transforment, se révèlent et développent une relation. C'est cette partie du film que l'on retient.

DE COMBIEN D'INTRIGUES SECONDAIRES AVEZ-VOUS BESOIN ?

La plupart des films auront au moins une ou deux intrigues secondaires. Certains films en auront jusqu'à cinq ou six. Si un film n'a pas d'intrigue secondaire, il court le risque d'être trop linéaire et sans dimension. S'il en a trop, elles peuvent embrouiller le scénario et prendre du temps en dehors du développement des intrigues « A » et « B ».

Les intrigues secondaires peuvent être utiles pour complexifier une ligne narrative afin qu'elle ne soit pas trop prévisible. *Tootsie* gagne beaucoup en complexification grâce à l'intersection de ses intrigues secondaires. Chaque fois que l'histoire semble aller dans une direction, une surprise se produit et l'intrigue secondaire change la direction de la ligne narrative de l'intrigue principale. C'est le cas lorsque le père de Julie tombe amoureux de Dorothy, ce qui force Michael à se démasquer au cours de l'intrigue principale « A » et ce qui complique sa relation avec Julie dans la ligne narrative « B ». L'amitié de Sandy pour Michael dans l'intrigue secondaire rend plus complexe sa relation avec Julie dans la ligne narrative « B ». La relation de Julie avec Ron complique la relation de Julie avec Dorothy ainsi que la ligne narrative « A » au cours de laquelle Michael se fait passer pour Dorothy.

L'un des meilleurs films à étudier pour voir comment fonctionnent des intrigues secondaires complexes est *Y a-t-il quelqu'un pour tuer ma femme ?* de Dale Launer. L'histoire devient de plus en plus compliquée au fur et à mesure que chacune des lignes narratives change la direction du film. Tout est différent de ce que cela est censé être : la relation de Barbara (Bette Midler) et de son mari Sam (Danny DeVito), les intentions des kidnappeurs et la relation de Sam avec sa maîtresse qui a d'ailleurs secrètement un autre amant, Earl. Chaque intrigue secondaire transforme la direction de l'histoire en créant des moments humoristiques et non prévisibles.

LA STRUCTURE DES INTRIGUES SECONDAIRES

La ligne narrative de l'intrigue principale a un début, un milieu et une fin. Il en est de même pour la ligne narrative de l'intrigue secondaire. Une bonne intrigue secondaire a des pivots, des scènes d'exposition claires, des développements et une chute à la fin.

Parfois les pivots de l'intrigue secondaire renforcent la ligne narrative de l'intrigue principale en ayant lieu juste avant ou juste après les pivots de l'intrigue. Parfois elles sont séparées, lorsque le pivot d'une intrigue secondaire se produit au milieu de l'Acte Deux ou de l'Acte Trois. Parfois une intrigue secondaire ne commence même pas avant le premier pivot de l'intrigue.

Dans *Tootsie*, la relation entre Julie et Michael commence au premier pivot de la ligne narrative. Dans *Le Fugitif,* le policier adjoint Sam Gerard est présenté à la fin de l'Acte Un. Dans *Impitoyable,* Will Munny (Clint Eastwood) et Ned (Morgan Freeman) deviennent partenaires ce qui constitue le premier pivot.

La plupart des films ont des intrigues secondaires. Beaucoup d'entre eux obtiennent une grande partie de leur succès grâce à une utilisation habile de ces intrigues secondaires. Les trois films qui utilisent bien les intrigues secondaires sont *Witness, Retour vers le futur* et *Tootsie*. Chacune de leurs lignes narratives d'intrigues secondaires présente des défis uniques. Cependant, chacune d'entre elles est bien structurée et apporte beaucoup à l'histoire.

Witness présente une utilisation unique de l'intrigue secondaire. C'est l'intrigue secondaire qui l'emporte pendant une partie de l'histoire, presque comme s'il s'agissait d'une intrigue principale. L'intrigue principale de ce film tourne autour de la question centrale suivante : « Est-ce que John va arrêter l'assassin ? » Cette ligne narrative donne une dynamique et un sens du risque au film. Cependant, la ligne narrative de l'intrigue secondaire au cours de laquelle une relation se noue entre John et Rachel devient le centre de focalisation de l'Acte Deux. Puis, à l'Acte Trois nous revenons à la ligne narrative de l'intrigue principale qui nous mène à l'affrontement final entre John, McFee et Paul.

L'intrigue secondaire entre John et Rachel a une structure claire comme celle de l'intrigue principale. L'exposition se déroule au cours de L'Acte Un, lorsque Rachel et John se rencontrent. Le premier pivot a lieu au début de l'Acte Deux lorsque Rachel le soigne et qu'il réagit favorablement à sa présence. Par conséquent, cela fait évoluer leurs sentiments l'un pour l'autre. Les développements de l'intrigue secondaire continuent pendant l'Acte Deux. Leur relation évolue pendant le petit déjeuner, lorsqu'ils dansent et lors de la construction de la grange. Le deuxième pivot a lieu lorsqu'ils s'embrassent, ce qui augmente les enjeux de leur relation et repose la question centrale de l'intrigue secondaire : « John et Rachel vont-ils faire le choix de vivre ensemble ? » Un climax a lieu lorsque John sauve la vie de Rachel en jetant son arme et la résolution se produit lorsqu'il lui dit au revoir.

Dans cette intrigue secondaire, les pivots ont lieu directement après ceux de l'intrigue principale. J'utilise ici les minutes mêmes du déroulement du film, bien que ce scénario comme beaucoup d'autres établisse une équivalence entre une minute et une page. Le schéma suivant représente la ligne narrative de l'intrigue (l'histoire « A ») et la ligne narrative de l'intrigue secondaire (l'histoire « B ») :

Exposition (A) Le meurtre (15 mn.)	Premier pivot (A) Fusillade dans le parking (31 mn.)
(B) Rencontre de John et Rachel (16 mn.)	(B) Rachel prend soin de John (43 mn.)
Deuxième pivot (A) John frappe le voyou (85 mn.)	Climax (A) Paul est capturé (106 mn.)
(B) John et Rachel s'embrassent (91 mn.)	(B) John sauve Rachel (105 mn.)
Résolution (A) John rentre chez lui. (109 mn.) (B) John dit au revoir. (101 mn.)	

Cette utilisation inhabituelle d'une intrigue secondaire peut être dangereuse car l'Acte Deux est en général un moment de focalisation et de développement de l'intrigue principale. Cependant, entre les mains habiles des auteurs de *Witness,* nous voyons les méthodes variées qu'ils utilisent pour maintenir une certaine dynamique. L'intrigue continue à avancer au cours de l'Acte Deux. Et ils font en sorte que nous conservions toujours à l'esprit le risque que John court dans l'intrigue principale, alors même que notre attention est prise par l'intrigue secondaire. Pendant le deuxième acte nous revenons cinq fois à la situation de l'intrigue principa téléphone à son partenaire pour lui demander s'il peut rentrer. Paul interroge son partenaire et à la fin du deuxième acte, nous apprenons que ce dernier a été tué, ce qui force John à réagir.

Dans *Retour vers le futur*, la ligne narrative de l'intrigue est centrée sur la machine temporelle et le dilemme de Marty qui est bloqué dans le passé. La question centrale de l'intrigue est : « Est-ce que Marty va retourner dans le futur ? » Voici la structure fondamentale de la ligne narrative :

Exposition : Marty rencontre le Professeur au Twin Pines Mall pour tester sa nouvelle machine temporelle (18 mn., Il s'agit d'une exposition situationnelle. Elle se produit donc plus tard que dans la plupart des films.)

Le premier pivot : Marty retourne dans le passé par erreur (30 mn.).

Le développement de l'histoire : Marty et le Professeur doivent trouver un moyen de le renvoyer vers le futur.

Deuxième pivot : Marty et le Professeur se préparent à capturer l'éclair grâce auquel ils espèrent pouvoir faire revenir Marty vers le futur. (76 mn.).

Climax : Marty retourne vers le futur (106 mn.).

Comme dans *Witness*, l'intrigue secondaire de *Retour vers le Futur* est aussi une histoire relationnelle sur l'épisode romantique original qui s'instaure entre Lorraine et George McFly. Grâce à cette intrigue secondaire, les auteurs parviennent à explorer les thèmes de la détermination, de la résolution et de la transformation. C'est une sorte d'histoire à l'intérieur de l'histoire.

L'intrigue secondaire a lieu pendant le deuxième et le troisième acte, pendant que Marty est retourné vers le passé, bien que des renseignements importants de l'intrigue secondaire soient présentés à l'Acte Un.

Par exemple, au premier acte nous apprenons que Lorraine a rencontré George parce que le père de celle-ci a heurté George avec sa voiture. Nous apprenons aussi que Lorraine et George se sont embrassés pour la première fois lors du bal intitulé « L'enchantement sous la mer » et que dès ce moment Lorraine a su qu'ils passeraient le reste de leur vie ensemble. Nous savons aussi que Lorraine boit trop et que George est un fainéant.

L'établissement de l'intrigue secondaire a lieu peu après que Marty revienne vers le passé. Originellement, George avait rencontré Lorraine lorsque son père l'avait heurté avec sa voiture. Mais les choses ne se passent pas bien pour Marty, lorsqu'il rejoue ces événements du passé car il court le risque que sa propre naissance n'ait pas lieu en interférant avec la première rencontre de ses parents.

UNE RUE RESIDENTIELLE. EXT. JOUR
Marty débouche du coin de la rue et voit la bicyclette de George garée contre un arbre. Marty regarde autour de lui puis repère :

GEORGE est installé précairement sur une branche qui surplombe la rue à environ 4 mètres de haut. George a une PAIRE DE JUMELLES fixée sur la fenêtre du deuxième étage d'une maison de l'autre côté de la rue.

MARTY n'arrive pas à comprendre ce qu'il fait. Il s'approche pour mieux voir.

GEORGE fait le point avec ses jumelles.

POINT DE VUE DE GEORGE à travers les JUMELLES.

A la fenêtre d'une chambre du deuxième étage une FILLE NUE s'habille.

MARTY observe George avec incrédulité lorsqu'il comprend ce que celui-ci est en train de faire.

MARTY
Oh, c'est pas vrai, Papa est un voyeur !

POINT DE VUE DE GEORGE :
La fille s'approche de la fenêtre.
GEORGE essaie de se rapprocher et perd l'équilibre. Il tombe dans la rue.
MARTY observe GEORGE gémir puis essayer lentement de se relever.

A ce moment-là une VOITURE arrive au coin de la rue.

George ne la voit pas, mais Marty voit qu'elle va heurter George.

MARTY

Pa' ! Fais attention !

Mais George est encore un peu étourdi. Marty se précipite dans la rue et en faisant un saut spectaculaire fait tomber George hors du trajet de la voiture qui arrive sur eux.

Alors que Marty avance pour éviter la voiture, la voiture fait une embardée dans la MEME DIRECTION - On entend un crissement de frein et la voiture heurte Marty !

George, qui n'est pas du genre à se mêler de quoi que ce soit s'enfuit en courant, laissant Marty étendu dans la rue, inconscient.

C'est dommage pour George parce qu'à cause de cet incident Lorraine rencontre Marty au lieu de le rencontrer lui. L'histoire se déroule désormais différemment de ce à quoi on s'attendait, puisque Marty est forcé de jouer les entremetteurs pour ses parents, et de s'assurer qu'ils aillent au bal ensemble pour qu'ils puissent lui donner naissance par la suite.

Malheureusement George est loin d'être un Don Juan. Il résiste à toutes les suggestions de Marty qui cherche à l'inciter à inviter Lorraine au bal de « L'enchantement sous la mer ». Si bien que Marty doit insister encore plus fortement, ce qui provoque le premier pivot de l'intrigue secondaire.

LA CHAMBRE DE GEORGE. INT.
PANORAMIQUE VERS LE VISAGE DE GEORGE. Il dort profondément dans son lit.

UNE PAIRE DE MAINS GANTEES place des ECOUTEURS LEGERS COMME DES PLUMES SUR les oreilles de George.

LES MEMES MAINS insèrent une cassette nommée « Van Halen » dans un walkman. Un doigt fait monter le niveau du volume à « 10 » puis appuie sur « PLAY ».

GEORGE SE REVEILLE EN HURLANT ! Il ouvre les yeux et réagit. Il est encore plus effrayé. Il voit :

UN MONSTRE JAUNE EFFRAYANT... Marty dans un costume complet antiradiations... aux pieds de son lit !

Marty éteint la musique. Lorsqu'il parle, sa voix est déformée à travers le filtre du capuchon qui lui couvre la bouche. Une fenêtre ouverte indique comment Marty est entré.

MARTY

Silence terrien !

GEORGE

Qui êtes vous ?

MARTY

(imitant Darth Vader)

Mon nom est Darth Vader, je suis un extraterrestre de la Planète Vulcain !

GEORGE

Je dois être en train de rêver...

(...)

MARTY

Silence ! Je reçois une transmission de l'étoile de la bataille Galactica ! Vous, George McFly, vous avez créé une fêlure dans le continuum espace-temps. Le Klingon Suprême vous commande par la transmission présente de prendre la terrienne femelle nommée « Baines, Lorraine » vers le lieu que vous connaissez sous le nom de Hill Valley Highschool à exactement quatre cycles terriens de maintenant ; c'est-à-dire, samedi soir dans votre langue.

GEORGE

Vous voulez dire qu'il faut que j'emmène Lorraine au bal ?

MARTY

Affirmatif.

GEORGE

Mais je ne sais pas si je serai capable de...

MARTY MONTE A NOUVEAU LE VOLUME du walkman. GEORGE HURLE ! Et il accepte !

Le développement de l'intrigue secondaire progresse tout au long de l'Acte Deux. Ce qui consiste à montrer les efforts vains de George pour sortir avec Lorraine, car celle-ci s'est totalement entichée de Marty. Finalement, Marty concocte un plan qui devient le deuxième pivot de l'histoire secondaire et qui conduit au baiser lors du bal de « L'enchantement sous la mer »

ARRIERE-COUR DE GEORGE. EXT. JOUR

MARTY

Bon, on reprend tout depuis le début. A huit heures cinquante-cinq, où est-ce que tu dois te trouver ?

GEORGE

Je dois me trouver au bal.

MARTY

Très bien, et moi je serai où ?

GEORGE

Toi, tu seras dans la voiture avec elle.

MARTY

Parfait, et vers neuf heures, elle sera furieuse contre moi...

GEORGE

Et pourquoi elle sera furieuse contre toi ?

MARTY

(il lui est difficile de répondre)

Parce qu'une fille bien... est furieuse... quand un garçon... la serre d'un peu trop près.

GEORGE

Oh, tu veux dire que tu vas lui toucher les...

MARTY

Non, George, écoute, je ferai semblant. T'en fais pas. Ecoute, à neuf heures, tu viens faire un tour dans le parking. Tu nous vois en train de

(la gorge serrée)

... lutter dans la voiture, tu te précipites vers nous, tu ouvres la portière, et c'est là que tu dis... ?

George ne dit rien.

MARTY

Ton texte, George.

GEORGE

Oh... « Eh connard tire tes sales paluches de là ». Tu crois vraiment que je dois jurer ?

MARTY

Mais oui absolument, jure. Après tu m'envoies un direct dans l'estomac, je vais au tapis pour le compte, et Lorraine et toi vous vivrez heureux et vous aurez beaucoup d'enfants.

Ici on peut sentir à quel point Marty éprouve l'urgence de convaincre George car il se prépare à retourner vers le futur, mais il ne peut le faire qu'après avoir eu l'assurance que ses parents s'embrassent pendant le bal. Le climax de la ligne narrative de l'intrigue secondaire est ce baiser et la résolution a lieu immédiatement après, lorsque Marty s'en va.

GYMNASE DE L'ECOLE - LES COULISSES – INT. NUIT

LORRAINE

Marty j'espère que ça ne vous fait rien, mais George vient de demander à me raccompagner.

(...)

GEORGE

Marty, est-ce qu'on te reverra un jour?

MARTY

Ca je vous le garantis !

(...)

LORRAINE

Marty, c'est un si joli nom !

Et alors que Marty s'apprête à partir, il se retourne pour donner ses dernières instructions.

MARTY

D'ailleurs si vous avez un fils et qu'à neuf ans il fait un trou dans un tapis en le brûlant, ne soyez pas trop dur avec lui, d'accord ?

Et sur ce Marty s'en va, il retourne vers le futur.

Voici à quoi pourrait ressembler la lignc narrative de cette intrigue secondaire :

Acte Un : George ne rencontre pas Lorraine, et Marty doit faire en sorte que ses parents tombent amoureux. Rien ne semble marcher. George ne veut pas demander à Lorraine de sortir avec lui.

Premier pivot : Marty se déguise en homme de l'espace pour faire peur à George et l'inciter ainsi à inviter Lorraine au bal. (47 mn.)

Acte Deux : George essaie de faire la cour à Lorraine. Elle ne s'intéresse qu'à Marty.

Deuxième pivot : Marty et George inventent un stratagème. George va sauver Lorraine de Marty. (73 mn.).

Acte Trois : Malgré de nombreux problèmes, leur plan marche.

Climax : George et Lorraine s'embrassent. (86 mn.). (Remarquez comment le climax de cette intrigue secondaire a lieu peu après le deuxième pivot de l'histoire « A »)

Résolution : Marty dit au revoir.

L'intersection de l'intrigue secondaire et de la ligne narrative de l'intrigue principale ressemblerait à ceci :

(« A » correspond à l'intrigue et « B » à l'intrigue secondaire relationnelle)

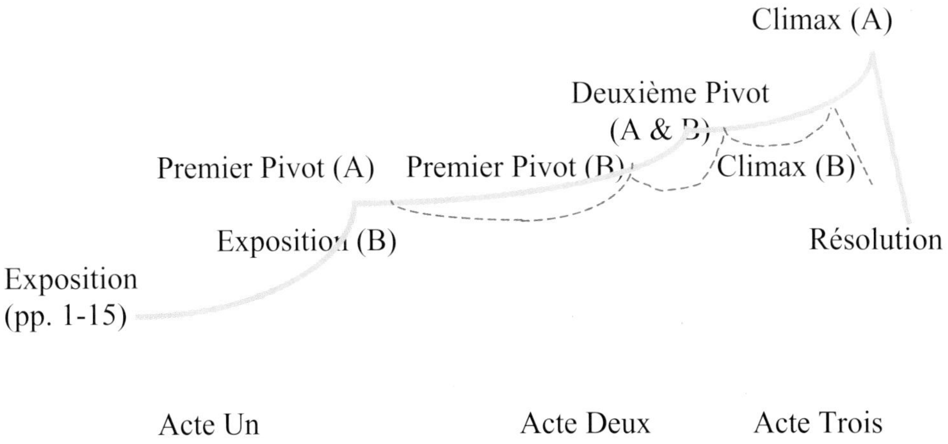

Cette ligne narrative de l'intrigue secondaire est unique parce qu'elle a une double scène d'exposition et une double résolution. D'une part, l'intrigue secondaire dans le passé a un début, un milieu et une fin clairs : ils se rencontrent, leur relation se développe, et ils forment un couple. Mais cette intrigue secondaire est encadrée par le présent. A l'Acte Un, avant que Marty parte pour le passé, George et Lorraine sont présentés. Lorsque Marty retourne vers le présent, nous voyons la résolution de la deuxième intrigue secondaire. Marty les a transformés grâce à sa présence et nous voyons un couple tout à fait différent.

Dans la deuxième résolution, George et Lorraine ont une belle maison, Biff travaille pour George et George a publié son premier roman de science-fiction. C'est un grand changement !

Tootsie présente un exemple d'une utilisation très compliquée des intrigues secondaires. La plupart des films ne peuvent pas traiter correctement plus de trois intrigues secondaires. Cependant, *Tootsie* en a cinq.

Il y a plusieurs intrigues secondaires : entre Michael et Julie, Michael et Sandy, Michael et Les, Michael et Brewster, et entre Ron et Julie. Chacune de ces intrigues secondaires a quelque chose à dire sur les thèmes de l'amour et de l'amitié. Elles ont leur propre structure, elles se développent et par moments elles croisent l'intrigue principale.

Commençons par regarder l'intrigue romantique de *Tootsie* : la relation entre Michael et Julie. Voici les temps forts de cette intrigue secondaire :

Exposition : Michael (en tant que Dorothy) rencontre Julie lors de son premier jour de travail. Il est attiré par elle. (21 mn.).

Le premier pivot : Julie l'invite à dîner. C'est le début d'une amitié. (46 mn.).

Développement de l'intrigue secondaire : ils deviennent amis. Ils vont à la campagne. Ils parlent. Dorothy encourage Julie à rompre avec Ron. Dorothy aide Julie en faisant du baby-sitting pour elle.

Second pivot : Dorothy essaie d'embrasser Julie. (84 mn.).

Développement : Julie ne veut pas voir Dorothy.

Climax : Michael dit: « le plus dur est fait ». Ils sont devenus amis. Maintenant ils peuvent continuer leur relation. Ils partent ensemble. (110 mn.)

Remarquez à quel point cette ligne narrative de l'intrigue secondaire est différente de la structure de l'intrigue principale. Vous vous souvenez peut-être de la structure de l'intrigue principale :

Exposition : Michael ne peut pas trouver un emploi (18 mn.) (Il s'agit d'une exposition situationnelle comme dans *Retour vers le futur*.)

Premier pivot : Michael obtient un travail en se faisant passer pour Dorothy. (20 mn.).

Développement : Michael a beaucoup de succès.

Deuxième pivot : Michael essaie de résilier son contrat. Or « elle » est si bonne qu'ils ne veulent pas la laisser partir (76 mn.).

Climax : Dorothy révèle qu'elle « est » Michael (104 mn.).

Remarquez comment l'intrigue secondaire romantique donne une dimension à la ligne narrative de l'intrigue principale. Son intérêt romantique pour Julie est la raison pour laquelle Michael veut résilier son contrat. Il est tombé amoureux et par conséquent il ne veut plus se faire passer pour une femme.

Dans *Tootsie*, Le deuxième pivot de l'intrigue a lieu juste après une scène de onze minutes à la campagne au cours de laquelle Michael tombe amoureux de Julie, ce qui a pour conséquence qu'il a hâte d'en finir avec son travestissement. Mais il apprend qu'il ne peut absolument pas résilier son contrat. Il a d'autant plus envie d'exprimer son amour à Julie. Cela provoque le deuxième pivot de l'intrigue secondaire (Dorothy essaie d'embrasser Julie). Puisque Julie ne veut plus le voir après cela, (« elle n'est pas cette sorte de fille »), Michael est forcé de trouver une façon de sortir de cette situation difficile. Ceci conduit au climax de la ligne narrative de l'intrigue principale (le dévoilement), puis au climax et à la résolution de l'intrigue secondaire amoureuse. Ils deviennent un couple.

Comme vous pouvez le voir, il y a un mouvement d'aller-retour entre l'intrigue principale et cette intrigue secondaire. Sans ces moments d'intersection entre ces deux types d'intrigues, l'intrigue secondaire paraîtrait n'avoir aucun lien avec le reste et en particulier avec la ligne narrative.

Tootsie est une histoire fondée sur des complications. Les intrigues secondaires sont ajoutées l'une après l'autre pour compliquer continuellement la ligne narrative d'après laquelle « Michael devient Tootsie ».

Il est certain que pour Michael, le fait d'avoir accepté un emploi en tant qu'actrice aurait dû résoudre son problème qui consistait à trouver un travail grâce auquel il pourrait exprimer son talent. Ce ne fut pas le cas et au contraire toute sa vie s'en trouva modifiée. Chaque ligne narrative de l'intrigue secondaire provient de sa décision étrange de se faire passer pour une femme pour trouver un travail. Et chaque ligne narrative de l'intrigue secondaire donne une dimension à la situation et développe le thème de l'amour.

Puisque l'histoire « B » est l'histoire d'amour entre Julie et Michael, on pourrait dire que l'histoire « C » est l'intrigue secondaire entre Michael et Sandy, et l'histoire « D », celle entre Michael et Les, l'histoire « E », celle entre Michael et Brewster, et l'histoire « F », celle entre Julie et Ron.

Regardons chacune d'entre elles séparément :

L'intrigue secondaire entre Michael et Sandy :
Michael a entretenu pendant des années une relation platonique avec son amie Sandy, qui est peu sûre d'elle. Il lui a donné des conseils sur son travail d'actrice et l'a encouragée pour ses auditions.

> Exposition : qui établit la relation amicale de longue date entre Michael et Sandy en les montrant dans plusieurs situations : les scènes d'anniversaire et la scène où Michael aide Sandy à préparer une audition (6 mn.).
>
> Premier pivot : Michael et Sandy font l'amour. Cela change la nature de leur relation et met en danger leur amitié. (31 mn.).

Développement : Sandy est de moins en moins sûre d'elle. Elle invite Michael à dîner et lui reproche son comportement.

Deuxième pivot : Sandy découvre que Michael est amoureux d'une autre femme et elle met fin à leur amitié (94 mn.)

Climax : Sandy s'épanouit dans la nouvelle pièce où elle joue, et elle renoue son amitié avec Michael. (106 mn.).

L'intrigue secondaire entre Michael et Les :
Les est le père veuf de Julie qui tombe amoureux de Dorothy.

Exposition : Les rencontre Dorothy. (42 mn.).

Premier pivot : Les tombe amoureux de Dorothy. (63 mn.).

Développement : Ils chantent ensemble lorsque Dorothy lui rend visite à la ferme avec Julie. Les l'invite à danser.

Deuxième pivot : Les lui fait une déclaration. (87 mn.).

Climax : Michael le rappelle. (109 mn.)

Résolution : Les lui pardonne.

L'intrigue secondaire entre Michael et Brewster :
Brewster est le docteur lubrique du soap qui tient absolument à faire l'amour avec Dorothy.

Exposition : Michael est prévenu que Brewster a des tendances lubriques. (34 mn.)

Premier pivot : Brewster commence à être attiré par Dorothy. (40 mn.).

Développement : ils travaillent ensemble. Dorothy essaie d'éviter Brewster qui ne cesse d'essayer de l'embrasser entre deux scènes.

Deuxième pivot : Brewster chante sous les fenêtres de Dorothy, et lui fait des avances. (88 mn.).

Climax : Michael se dévoile, et Brewster se rend compte que Dorothy n'est pas une femme. (104 mn.).

L'intrigue secondaire entre Julie et Ron :
Ron est le réalisateur du soap et sort avec Julie ainsi qu'avec beaucoup d'autres femmes derrière son dos.

Exposition : qui établit que Julie et Ron sortent ensemble. (34 mn.)

Développement : Michael remarque la façon condescendante dont Ron traite Julie.

Climax : Julie rompt avec Ron, ce qui est la conséquence des leçons de Dorothy sur l'amour-propre. (79 mn.).

Bien que l'histoire « B » (l'intrigue secondaire principale) doive avoir une structure forte pour continuer à se développer et progresser tout au long du scénario, d'autres intrigues secondaires sont parfois mieux équilibrées sans pour autant que notre attention soit trop focalisée sur leurs pivots et leur structure spécifique. Souvent, ces intrigues secondaires moins développées (telles que l'histoire entre Julie et Ron) n'ont besoin que de quelques temps forts au cours de l'histoire pour que notre attention se porte sur elle et que l'on puisse voir leur influence sur l'histoire principale.

Comme dans *Tootsie*, beaucoup d'histoires ont en plus de l'intrigue principale « A » , plusieurs intrigues secondaires : les intrigues « B » , « C » et « D ». Dans beaucoup de séries de télévision, les intrigues secondaires font partie intégrante de la forme de la série. Ces séries traitent d'un sujet principal « A » : une intrigue policière (dans les séries policières), une maladie (dans les séries qui se passent dans les hôpitaux), ou un problème à résoudre (dans les sitcoms) et l'histoire « B » est plus personnelle. Elle traite des relations entre des personnages particuliers : un personnage secondaire tombe amoureux ou a un problème avec ses enfants. A la télévision, l'histoire « C » ajoute souvent de l'humour à l'histoire. Il peut s'agir de problèmes humoristiques liés au fait qu'il faut peindre la maison, redécorer le bureau, ou dresser un chien difficile. Quelquefois une histoire aura une histoire « D » qui contribue à donner une dimension supplémentaire à la ligne narrative de l'intrigue principale, ou il peut s'agir simplement d'une toute petite réplique d'un personnage, ou d'une petite ligne narrative qui ne dure que pendant quelques temps forts.

Si les lignes de ces intrigues sont travaillées avec soin, un bon film peut fonctionner de façon très complexe et traiter de trois à sept intrigues secondaires. Cependant, si l'histoire a trop d'intrigues secondaires, qui ne sont pas bien intégrées, le film va devenir confus, mal centré et alourdi par l'excès de détails.

LES PROBLEMES DES INTRIGUES SECONDAIRES

Les intrigues secondaires sont responsables d'un grand nombre des problèmes d'un scénario. Certains films ont échoué parce que leurs intrigues secondaires étaient mal intégrées. Ces problèmes peuvent être regroupés en plusieurs catégories. Tout d'abord, les intrigues secondaires manquent souvent de structure. Elles n'en finissent pas. Elles ne sont pas centrées et elles désorientent le public qui perd le fil de l'histoire.

Parfois, un film a des problèmes parce que l'intrigue secondaire n'a pas de point d'intersection avec l'intrigue principale, et elle ne semble pas avoir la moindre relation avec l'histoire. Bien que l'intrigue secondaire puisse être intéressante, elle semble flotter, sans liens avec l'histoire.

Places in the Heart (*Les Saisons du coeur*) a fait l'objet de critiques sur son intrigue secondaire entre Vi et Wayne justement pour cette raison. La relation entre Vi et Waine n'a pas grand-chose à voir avec l'histoire d'Edna. Bien que cette intrigue secondaire ait une certaine importance pour le thème, elle semble être séparée du reste du film.

Certains films ont des problèmes parce que leur intrigue secondaire n'est pas au bon endroit. Au lieu d'être développée tout au long de l'histoire et d'être entrelacée avec l'intrigue, parfois l'intrigue secondaire est jouée en premier. Par conséquent la ligne narrative de l'intrigue commence bien après que nous soyons convaincus que l'intrigue secondaire est notre histoire principale. C'est ce qui se passe dans *Out of Africa* lorsque l'intrigue secondaire entre Bror et Karen est jouée dans son intégralité avant même que celle entre Karen et Denys commence vraiment. Ceci peut être désorientant pour les spectateurs. Beaucoup de critiques ont fait remarquer, à cause de cela, que Robert Redford arrivait beaucoup trop tard dans l'histoire. Et les spectateurs ont fait ce genre de commentaires : « J'ai aimé le film, mais j'ai mis un certain temps à m'y intéresser ».

APPLICATION

Lorsque vous travaillez sur l'intrigue secondaire, séparez-la de votre ligne narrative principale afin de voir clairement comment elle fonctionne. Si vous n'êtes pas sûr de savoir quelle est l'histoire « A » et quelle est l'histoire « B », demandez-vous d'où provient le mouvement de l'histoire et où se situe l'essentiel de l'action. Elle est peut-être dans la ligne narrative de l'intrigue principale. Puis, demandez-vous : « Quel est mon thème ? Qu'est-ce que je veux dire ? Quelles sont les lignes de traverse qui m'aident à dire cela ? » Il se peut que ce soit la ligne narrative de l'intrigue secondaire.

En séparant votre intrigue secondaire de votre ligne narrative de l'intrigue principale, vous pouvez voir comment vous avez structuré chacune d'elles. Cherchez l'exposition de l'intrigue secondaire. Eclaircissez ce qui s'est passé à l'Acte Un, à l'Acte Deux et à l'Acte Trois. Il est généralement plus difficile de voir clairement la structure d'une ligne narrative d'intrigue secondaire. Vous aurez peut-être besoin de vous demander : « Quel est le développement de cette intrigue secondaire ? » Une fois que vous avez pu répondre à cette question, retrouvez l'origine de ce développement. Il s'agit probablement de votre premier pivot. Puis voyez où ce développement connaît un nouveau tournant. Y a-t-il un lieu où l'intrigue secondaire devient plus urgente ou plus intense ? Si tel est le cas, il pourrait s'agir du deuxième pivot. Assurez-vous qu'une fois que le climax et le développement de l'intrigue principale ont eu lieu, les climax des intrigues secondaires arrivent rapidement.

Faire en sorte que vos intrigues secondaires fonctionnent est l'un des travaux les plus importants de l'écriture. Posez-vous les questions suivantes au fur et à mesure que vous réécrivez votre texte de façon plus claire et plus concise :

> Ai-je besoin de cette intrigue secondaire ? Apporte-t-elle quelque chose ? Est-ce qu'elle croise l'intrigue principale ? Est-ce qu'elle donne une dimension à l'histoire ?
>
> Combien ai-je d'intrigues secondaires ? Si j'en ai plus de trois ou quatre, y en a-t-il certaines que je peux couper afin de recentrer davantage l'intrigue principale et celle des histoires « B » et « C » ?

Ai-je une structure claire pour chaque intrigue secondaire, avec une exposition claire, des pivots clairs et des climax clairs particulièrement pour les histoires « B » et « C » ?

Est-ce que la résolution de mon intrigue secondaire a lieu près du climax de l'intrigue principale ?

Si votre intrigue secondaire est structurée de façon concise, si elle donne une dimension à l'histoire, et si elle a des points d'intersection avec l'intrigue, vous avez probablement une intrigue secondaire dramatique qui fonctionne, susceptible de vous aider à dire ce que vous voulez dire. Maintenant votre nouveau défi sera de faire en sorte que votre scénario continue à avancer, en particulier au cours du second acte qui est le plus difficile.

CHAPITRE QUATRE

COMMENT EVITER LES LONGUEURS A L'ACTE DEUX?

L'Acte Deux peut sembler interminable. Les scénaristes doivent faire progresser l'histoire pendant quarante-cinq ou soixante pages. Pour les cinéphiles, un deuxième acte qui ne fonctionne pas, c'est le moment de faire un petit somme, d'aller acheter du pop corn et de se jurer de ne jamais revoir un film de ce réalisateur.

La plupart des problèmes de l'Acte Deux proviennent d'une dynamique insuffisante et d'une absence de focalisation. Le film n'avance pas ! On n'est pas sûr de ce qui se passe ni de la raison pour laquelle cela se passe.

Ces problèmes qui sont liés les uns aux autres, se développent parce que le film s'est décalé par rapport à la courbe dramatique de l'histoire. Des scènes éparses qui embrouillent l'histoire et la ralentissent se sont insinuées dans le film. Ou bien les personnages parlent au lieu de jouer. Ou encore l'histoire se développe trop rapidement, ou trop lentement, et il manque des temps forts.

Une exposition et un développement clairs de l'Acte Un contribueront à la clarté de l'Acte Deux. Un pivot fort donnera une certaine dynamique à l'Acte Deux. Mais d'autres éléments sont nécessaires pour que le public conserve son intérêt pour le film pendant une heure ou plus.

QU'EST-CE QUE LA DYNAMIQUE D'UN SCENARIO ?

On parle de dynamique lorsqu'une scène conduit à la suivante. Le développement d'une scène est préparé par la scène précédente qui en contient les « germes ». Lorsque les scènes sont liées dans une relation de cause à effet, chaque scène fait avancer l'action en nous rapprochant du climax.

Naturellement, c'est une façon très simple de décrire quelque chose de très complexe. Certaines scènes apportent juste quelques détails à l'histoire. Elles se concentrent par exemple sur l'intrigue secondaire ou la description de quelques personnages. Si chaque scène nous faisait progresser directement vers le climax, l'histoire manquerait de subtilité et d'ampleur. Mais pour l'instant, pensez à l'idée d'élan comme à un phénomène suscité par les scènes d'action et de réaction. Lorsque nous discuterons des idées et des personnages, nous intégrerons ces complexités.

Certains films peuvent démontrer cette relation de cause à effet. Regardons la fin de l'Acte Un de *Witness*. On peut percevoir la dynamique puissante qui propulse chaque scène vers la suivante. Voici la progression des temps forts :

> Samuel indique que McFee est l'assassin.
>
> Par conséquent, la scène suivante a lieu :
>
> John Book va voir Paul et lui dit que c'est McFee l'assassin. Paul lui conseille de garder cela pour lui.
>
> Ceci incite John à réagir :
>
> John retourne à son appartement et McFee tire sur lui. Il se rend compte que Paul est donc l'un des meurtriers.
>
> Cette fusillade incite John à entamer une nouvelle action :
>
> John emprunte la voiture d'Elaine et ramène Rachel et Samuel à la ferme Amish.
>
> Ceci conduit à la scène suivante :
>
> En raison de ses blessures, John s'évanouit.

Ceci déclenche le deuxième acte, au cours duquel John se cache à la ferme Amish.

Remarquez comment toutes ces scènes sont liées aux scènes suivantes. Cette dynamique fait constamment progresser l'action.

Les points d'action
Les actions qui font avancer l'histoire sont appelées des **points d'action** (**action points**) Un point d'action est un événement dramatique qui suscite une réaction. Généralement, cette réaction provoque une autre action. Puisque cette action est exprimée de façon dramatique et visuelle et non par les dialogues, elle fait avancer l'action.

On peut définir un point d'action comme une action, qui exigerait une réaction. Dans *Tootsie*, Michael entend parler d'un job dans un soap grâce à Sandy (action). Il se déguise en femme pour se rendre à l'audition (ce qui est une réaction à l'information obtenue dans la scène précédente). Il obtient un rôle dans ce soap (action) et est immédiatement attiré par Julie qu'il a rencontré grâce à ce rôle (réaction). Grâce à cet intérêt mutuel, Julie invite Dorothy à dîner (action), et Dorothy/Michael tombe amoureux d'elle (réaction).

Dans chaque cas, l'action est visuelle, dramatique et suffisamment forte pour exiger une réaction. On pourrait y voir d'autres actions et réactions qui pourraient déclencher une chaîne d'événements totalement différente. Ce qu'il y a d'important ici, c'est qu'il existe un lien entre les scènes. Elles ne sont pas épisodiques. Mais chaque scène, a été préparée par la précédente, ce qui crée une histoire dense qui progresse vers le climax.

Les points d'action peuvent être utilisés dans n'importe quel acte. Mais c'est à l'Acte Deux qu'ils sont particulièrement importants, car c'est là qu'un scénario a véritablement besoin d'être dynamique et de maintenir un certain rythme pendant de nombreuses pages. Il en existe plusieurs : les pivots à la fin de l'Acte Un et de l'Acte Deux ainsi que de la scène centrale située au milieu du scénario. Il y a aussi l'obstacle, les complications et les renversements.

L'OBSTACLE

Dans de nombreux films, un personnage essaie en vain de découvrir un indice ou d'accomplir une action car il a rencontré **un obstacle (a barrier).** Il se retrouve dans une impasse et doit trouver une autre solution. L'obstacle est un point d'action car il oblige les personnages à prendre de nouvelles décisions, à accomplir de nouvelles actions ou à continuer dans une nouvelle direction.

Remarquez comment les obstacles fonctionnent : ils créent une pause dans l'action. Les personnages doivent contourner l'obstacle pour pouvoir continuer. L'histoire ne se développe pas à partir de l'obstacle, mais à partir de la décision d'essayer une nouvelle action. Prenons l'exemple suivant : je suis une vendeuse et je frappe à la Porte 1 pour essayer de vendre mon produit. Le client dit : « non ». C'est un obstacle. Puis je frappe à la Porte 2 pour essayer de vendre mon produit à nouveau. Le client suivant dit : « non ». C'est un nouvel obstacle. Finalement, je frappe à la Porte 3 et quelqu'un m'achète quelque chose. Grâce à cette vente, je peux finir mon travail plus tôt, et célébrer ce succès avec mon patron qui me propose une promotion. Grâce à celle-ci, j'obtiens un bureau et je n'ai plus à faire du porte-à-porte.

Nous voyons ici qu'un obstacle permet de faire avancer l'action. Mais c'est l'action qui consiste à surmonter cet obstacle qui crée le développement et la véritable dynamique du film.

On trouve un bon exemple d'obstacle dans *Les Dents de la mer* lorsque Martin, Matt et Quint essaient d'attraper le requin tueur :

> Quint commence par essayer d'attraper le requin avec une canne à pêche. Mais le requin est plus malin que lui, il passe sous le bateau, et la ligne se rompt.
>
> Puis, ils essaient d'attraper le requin au harpon mais il s'échappe.
>
> Ils essaient ensuite d'utiliser une cage à requin, mais celui-ci la met en pièces.
>
> Martin lance une bouteille de plongée dans la bouche du requin et le tue.

Dans *Autant en emporte le vent*, Scarlet essaie d'obtenir de l'argent de Rhett pour payer les impôts de Tara. Devant son refus (obstacle), elle décide d'épouser Frank Kennedy.

Dans *Witness*, Paul essaie de trouver John à la ferme Amish. Il appelle la police du Lancaster qui n'a pas les moyens de le localiser parce que les Amish n'ont pas le téléphone (obstacle). Puis Paul essaie de faire parler le partenaire de John. Il refuse de collaborer (obstacle), et Paul décide de le tuer. Et à cause de cela, John Book va révéler où il se cache.

On trouve des obstacles dans la plupart des films : dans les séries policières, les films d'action-et-d'aventure, et parfois dans les drames et les comédies. On peut utiliser plusieurs obstacles mais il faut éviter qu'ils soient trop nombreux car ils risquent de produire un effet de répétition au lieu de développer l'action de façon dynamique. Utilisés avec parcimonie, les obstacles peuvent être très efficaces pour faire avancer l'histoire.

Les complications

Une complication est un point d'action dont la chute n'est pas immédiate. On doit l'attendre et il y a un phénomène d'anticipation.

Etudions une complication dans *Tootsie* : Michael s'est déguisé en femme et se fait passer pour Dorothy Michaels pour obtenir un rôle. A l'origine, c'était sa seule et unique intention : trouver un emploi. Mais il rencontre Julie dès les premiers jours de tournage. Cette rencontre n'a pas de conséquence immédiate mais on se doute de ce qui va se passer. La présence de Julie complique l'intention initiale de Michael. On devine qu'il va tomber amoureux de Julie, ce qui va lui faire reconsidérer cet emploi.

Il y a trente-deux pages entre le moment de leur rencontre et cette réaction. Dorothy rencontre Julie à la page vingt-neuf. Ils font simplement connaissance.

RITA

Ron, on va enregistrer Miss Michaels pour les essais.

JULIE PHILIPS, une jolie blonde, l'actrice principale du soap passe juste au moment où Dorothy fait tomber son texte. Dorothy se baisse rapidement pour le récupérer et découvre la présence de Julie, à genoux à ses côtés, en train de l'aider.

DOROTHY

Oh la la, je n'arrive pas à trouver la page quatre.

JULIE

Ils ne s'en apercevront pas.

Julie a rassemblé les pages. Elles se relèvent. Julie tend les pages à Dorothy. Elle lui sourit d'un air compréhensif.

JULIE

Pense que les caméras sont des amies fidèles comme un peloton d'exécution.

Julie s'en va et Dorothy ne la quitte pas des yeux. Une fois à la porte, Julie se retourne, lui fait un clin d'oeil et lui fait le signe de la victoire.

Rien ne se passe lors de cette première rencontre, mais de la façon dont Dorothy regarde Julie, on sait « qu'il » est fou amoureux d'elle.

Trente-deux pages plus loin Julie « lui » propose un premier rendez-vous.

JULIE

Dorothy, écoute, je sais que c'est redoutable ce que je vais te demander là, mais il faut qu'on se tape vingt-six pages pour demain. Toi qui es toujours si sympa t'aurais pas le courage de venir chez moi répéter un peu ce soir ? Je pourrais même te faire une bouffe. Je suis la fée des surgelés.

Leur relation se développe à partir de la complication (la rencontre), qui conduit à la réaction (le rendez-vous).

Dans *Tootsie*, il y a une autre complication lorsque Brewster, celui qui joue le docteur dans le soap rencontre Dorothy et décide qu'il parviendra à sortir avec elle. Nous avons également ici un exemple de chute « à retardement ». Elle n'a lieu que lorsque l'Acte Trois est déjà bien entamé, lorsque Brewster vient faire une sérénade à Dorothy et se précipite sur elle.

D'autres complications surgissent lorsque le père de Julie tombe amoureux de Dorothy. Il la rencontre au début de l'Acte Deux, mais cette histoire ne progresse guère jusqu'à ce que Dorothy lui rende visite à sa ferme à la fin de l'acte. Ils chantent et dansent ensemble, ce qui conduit à la proposition de mariage.

Une complication n'est pas un point d'action ordinaire, on en rencontre rarement et ce procédé peut être présenté de façon subtile. Si vous voulez l'utiliser, vérifiez que vous avez les trois éléments suivants :

> Une complication n'a pas de chute immédiate, ce qui ajoute un phénomène d'anticipation à l'histoire.
>
> Une complication est le début d'une nouvelle ligne directrice ou d'une nouvelle intrigue secondaire. Elle ne renverse pas l'action. Elle lui permet de continuer à progresser grâce à un retournement de situation.
>
> Une complication contrecarre les intentions d'un des personnages.

A cause de Julie, Brewster et Les, Michael ne peut pas continuer à prétendre être Dorothy Michaels, bien que sa carrière soit florissante. Il n'a pas perdu son intention initiale : réussir. Ces individus n'ont pas eu d'incidence sur son intention générale, mais sur son désir de continuer à se faire passer pour Dorothy. Voilà ce qui crée la complication.

Le renversement

La catégorie de point d'action la plus déterminante est **le renversement (a reversal)**. Un renversement change la direction d'une histoire à 180° en la faisant passer du positif au négatif ou vice versa. Ce procédé a plus de poids que la plupart des pivots qui se contentent de réorienter l'action, mais ne la renversent pas. Un renversement implique un revirement complet.

Les renversements peuvent être d'ordre physique ou émotionnel. Ils renversent l'action ou les émotions d'un personnage. Dans *SOS fantômes*, des chercheurs sont renvoyés, ce qui les incite à changer radicalement de direction et à monter leur propre boîte. Dans *Les Dents de la mer*, au moment où les gens d'Amity pensent avoir capturé le requin et commencent à célébrer cet événement, l'atmosphère de liesse est complètement renversée lorsque Matt leur apprend qu'ils se sont trompés de proie.

Dans *Cocoon*, la mission de Walter semble être annihilée lorsque les vieillards draguent l'énergie de la piscine et qu'un des Antériens meurt. Sa mission subit ainsi un premier renversement, puis un deuxième lorsque les vieillards lui proposent de l'aider à sauver les cocons.

Chacun de ces trois moments est aussi un renversement émotionnel. Les chercheurs en sciences paranormales de *SOS fantômes,* n'ont pas d'argent. En quelques instants, ils passent d'un état de forte déception à une grande excitation. Dans *Les Dents de la mer*, Martin et Matt passent de l'allégresse à la peur. Et Walter, dans *Cocoon*, connaît la douleur, le désespoir et finalement l'espoir.

Jouer sur un effet de renversement avec le premier ou le deuxième pivot, peut contribuer de façon très efficace à créer la dynamique du deuxième et du troisième actes. Ce type d'effet peut fonctionner partout. Dans les films d'horreur, le renversement a souvent lieu lorsque tout le monde est en train de fêter quelque chose et se sent en sécurité. C'est alors qu'on aperçoit soudain un monstre se profiler à la fenêtre.

Dans les films policiers, le renversement se produit lorsque le détective découragé parvient à tirer des conclusions et comprend comment il va résoudre l'affaire.

Dans une comédie romantique, on peut assister à un renversement lorsque le soldat qui avait disparu retourne vers sa bien-aimée alors qu'on ne s'y attendait pas, ou lorsque la bien-aimée, sur son lit de mort, guérit soudain.

Alors qu'un obstacle fait avancer l'histoire en forçant les personnages à prendre de nouvelles décisions, et qu'une complication fait progresser l'histoire en nous conduisant vers une chute anticipée, un renversement catapulte l'histoire en la forçant à prendre une nouvelle direction qui entraîne de nouveaux développements. On n'a besoin que de quelques renversements dans un scénario car ceux-ci créent une forte dynamique. Un ou deux renversements permettront à l'histoire de passer le cap difficile du deuxième acte. Ils permettent à l'action de progresser sans se répéter. Au lieu d'avoir une scène dans laquelle un détective ne cesse de poser les mêmes questions, celui-ci pose sa question suffisamment souvent pour en tirer une conclusion. Il le fait deux ou trois fois, sans aller jusqu'à répéter la même action. L'histoire peut alors continuer à progresser, vers de nouvelles enquêtes, découvertes et actions.

Les scènes séquentielles

La dynamique du scénario est obtenue grâce à des points d'action. Ceux-ci créent des scènes d'action-et-de-réaction, au cours desquelles chacune de ces scènes conduit à la suivante, faisant progresser l'histoire vers le climax.

Parfois ces scènes d'action-et-de-réaction, sont rassemblées autour d'une ligne narrative centrale ténue. Ces scènes créent un début, un milieu et une fin, établissant une situation, la construisant, et atteignant ainsi un climax sans avoir fait l'objet d'interruption par des intrigues secondaires. C'est cette catégorie de scènes qui offre la meilleure dynamique. On parle de **scènes séquentielles (scene sequences)**.

La plupart des scènes séquentielles sont relativement courtes. Elles font de trois à sept minutes. Il arrive qu'une scène séquentielle constitue l'ensemble du troisième acte, comme dans *Witness* avec la dernière scène de bataille qui dure quatorze minutes.

La plupart des scènes les plus mémorables sont ces scènes séquentielles : l'incendie d'Atlanta dans *Autant en emporte le vent* (7 mn.), la scène de la tempête dans *Les Saisons du coeur* (7 mn.) et l'ultime bataille dans *La Guerre des étoiles*.

Dans *Autant en emporte le vent* on a deux scènes séquentielles d'affilée. La première est celle où « Mélanie a son bébé » et la deuxième a lieu quand « Atlanta brûle ». Ces deux scènes durent environ sept minutes et il s'agit vraisemblablement des scènes les plus mémorables de ce film. En analysant ces deux scènes on peut voir comment une scène séquentielle contribue à donner une focalisation et une dynamique à l'histoire.

La scène au cours de laquelle « Mélanie a son bébé » commence après que le siège d'Atlanta ait duré pendant trente-cinq jours. Parce qu'ils ont compris qu'Atlanta va tomber aux mains des Yankees, les soldats et les gens de la ville commencent à quitter la ville. C'est à ce moment que :

> Exposition : Mélanie annonce qu'elle est dans les douleurs.
>
> Premier pivot : Scarlett envoie Priscie chercher le docteur.
>
> Développement : Priscie revient et dit que le docteur ne peut pas venir.
>
> Deuxième pivot : Scarlett apprend que c'est à elle de faire la sage-femme.
>
> Climax : La naissance du bébé de Mélanie

La séquence où « Atlanta brûle » fonctionne de la même façon.

Exposition : Priscie vient chercher Rhett et lui demande de l'aider à s'échapper.

Premier pivot : Rhett vient pour les emmener.

Développement : Des hommes essaient d'arrêter leur calèche. La foule essaie d'arrêter leur cheval. Et Rhett annonce qu'ils doivent dépasser le dépôt avant que celui-ci explose.

Second pivot : Ils arrivent au dépôt d'armes qui est déjà en train de brûler, ce qui risque de nuire à leur fuite.

Développement : Ils s'échappent à travers les flammes.

Climax : Ils parviennent à traverser juste au moment où le dépôt explose.

Résolution : Ils s'en sortent sains et saufs et Rhett part.

Les scènes séquentielles, comme n'importe quel point d'action, peuvent avoir lieu à n'importe quel moment de l'histoire. Souvent une scène séquentielle a lieu peu après le milieu de l'Acte Deux, au moment où celui-ci risque de traîner. On en trouve parfois à l'Acte Un, soit sous la forme d'une exposition très excitante (*James Bond*) ou pour nous emmener vers le premier pivot.

Steven Spielberg, ce maître moderne de la dynamique utilise souvent des scènes séquentielles. Vous en trouverez une courte dans *Retour vers le futur*, lorsque Biff poursuit Marty et rentre droit dans un chargement de fumier. Dans *Les Dents de la mer*, il y a plusieurs scènes séquentielles telles que celle du « harpon », celle de la « cage » et la séquence finale de « la victoire ». Dans *La Liste de Schindler*, on a celle du « massacre dans le ghetto », « d'Amon le bon », et celle du « départ vers la Tchécoslovaquie ».

Ceci ne signifie pas que Spielberg impose des scènes séquentielles dans ses scénarios. Je doute que Spielberg se réveille le matin et se dise : « Aujourd'hui, je vais faire une scène séquentielle ». Cependant, Spielberg, de même que les meilleurs conteurs, sait intuitivement créer ces séquences car il a un sens instinctif de la dynamique. Parfois, cependant cet instinct doit être éduqué de façon consciencieuse.

PROBLEMES DE DYNAMIQUE

L'absence de dynamique est l'un des problèmes les plus fréquents. Cela provient en général d'un flottement de la structure en trois actes qui n'est pas suffisamment définie par des pivots clairs aptes à faire avancer l'histoire. On est confronté à ce genre de problème, lorsque certaines scènes entraînent l'histoire vers une tangente, au lieu de la maintenir centrée sur la ligne narrative.

Souvent, les problèmes de dynamique sont en fait mal diagnostiqués. La plupart des cinéastes essaient de les résoudre en ajoutant plus d'actions. De nombreuses séries policières ont recours à une scène de poursuite en voiture, à une bagarre ou à une fusillade chaque fois que l'histoire semble ralentir. Malheureusement, cette sorte d'action résout rarement les problèmes. Elle décale l'histoire loin de sa courbe dramatique, ce qui ralentit d'autant plus la dynamique, surtout une fois que l'action est finie.

Parfois les cinéastes confondent la dynamique et l'allure. Pour résoudre un problème de dynamique, ils accélèrent l'allure de l'histoire, en accélérant parfois l'intrigue, sans laisser le moindre répit aux spectateurs. Si l'allure est trop rapide, les spectateurs ne peuvent pas suivre l'histoire. Ils ont constamment l'impression que celle-ci est en avance sur eux.

Parfois lorsque les spectateurs se désintéressent d'une histoire, on peut penser que la dynamique est insuffisante. Ce n'est pas forcément le cas. Les spectateurs se désintéressent d'une histoire trop prévisible, ou lorsqu'il n'y a pas d'intrigue secondaire pour donner une dimension à l'histoire, ou si les personnages sont des stéréotypes auxquels il est difficile de s'identifier.

Il faut alors se concentrer sur le développement de l'intrigue secondaire et du thème, ce qui relancera l'intérêt des spectateurs si vous parvenez à créer une forte dynamique.

APPLICATION

On ne peut pas se forcer à utiliser un instrument de réécriture particulier. Ces instruments doivent faire partie intégrante de l'histoire. Mais tous ces éléments peuvent consolider un scénario qui a déjà presque un renversement, une complication ou une scène séquentielle.

Pour bien utiliser ces éléments, il est important de les comprendre. Regardez des films spécifiquement dans le but de les identifier. Beaucoup de films reposent plus sur un de ces éléments en particulier.
Certains les utilisent tous !

Relevez le nombre d'obstacles que Sam Gerard rencontre lorsqu'il s'efforce de retrouver Richard Kimble dans *Le Fugitif.* Etudiez comment les renversements sont utilisés dans *SOS fantômes* (lorsque l'agent du centre d'Expériences sur les Activités Paranormales laisse s'échapper le fantôme) ou dans *Liaison fatale* lorsque leur deuxième nuit est particulièrement excitante sexuellement mais se transforme en tentative de suicide.

Recherchez des scènes fortement structurées avec des débuts, des milieux et des fins telles que la première scène dans le restaurant dans *La Liste de Schindler*, ou quelques unes des longues séquences de lutte dans *Shane.*

Une fois que vous avez compris clairement comment ces éléments sont utilisés dans des films spécifiques, ce sera beaucoup plus facile pour vous de les trouver et de les développer à l'intérieur de votre propre scénario. Parfois des scènes séquentielles peuvent être créées dès la première version sans qu'il soit nécessaire de faire un grand travail de réécriture.

Souvent les scènes d'action-réaction, tournent autour de plusieurs idées, plutôt que d'une seule. Pour créer une scène séquentielle le scénariste peut trouver les scènes liées à une idée et les relier pour créer l'exposition, le développement et le climax de la séquence.

Un renversement peut souvent être créé en renforçant un point d'action. Réfléchissez à la rapidité avec laquelle les éliminateurs de fantômes perdent leur travail, alors qu'ils viennent enfin d'apercevoir un fantôme dans la bibliothèque. Sans ce renversement, nous aurions vu les hommes retourner à leur bureau, discuter un peu, puis quelqu'un serait entré dans leur bureau et leur aurait annoncé qu'ils risquaient de perdre leur travail. Par contre on aurait tous certainement quitté le cinéma. Au lieu de cela, ce moment est joué rapidement comme un renversement physique et émotionnel qui catapulte l'histoire en avant.

Vous pouvez créer des renversements émotionnels forts en cherchant des moments émotionnels qui peuvent être développés ou étirés. Si votre personnage principal est quelqu'un de plutôt triste avant de le rendre plutôt heureux, regardez s'il vous est possible de créer pour lui un état de désespoir qui conduit à l'extase pour donner plus d'ampleur à ce renversement. Ou bien faites un renversement qui va vers le négatif : de la célébration à l'horreur ou à la peur.

En résumé, étudiez votre scénario et demandez-vous :

> Comment les points d'actions sont-ils utilisés ? L'histoire gagne-t-elle en dynamique grâce aux points d'action ou est-ce que vous utilisez des dialogues pour faire avancer l'histoire ?
>
> Quelles sortes de points d'action trouve-t-on à l'intérieur du scénario ? Quels obstacles ? Quelles complications ? Quels renversements ? Où ont-ils lieu et quelle est leur fréquence ?
>
> Y a t'il quelques scènes séquentielles ou des scènes séquentielles potentielles ? Où sont-elles ? Comment contribuent-elles à donner de l'énergie à l'histoire ?
>
> Est-ce que mon scénario part vers des tangentes ou est-ce qu'il reste centré sur l'intrigue et les développements de l'intrigue secondaire ?
>
> Est-ce que je peux construire des points d'action ou des scènes séquentielles à partir d'éléments dramatiques que j'utilise déjà dans l'histoire ?

Par-dessus tout, souvenez-vous que tant que vous aurez des actions et des réactions qui sont liées à votre ligne narrative votre scénario va continuer à progresser. Vous n'avez pas besoin d'actions vraiment importantes pour faire évoluer l'histoire. Par moments, vous la ferez avancer par des actions physiques et à d'autres moments par le dialogue ou des réactions émotionnelles. Tant qu'il y a des liens entre les différentes actions et que vous avez une bonne structure pour étayer votre histoire, le scénario va avancer.

Si vous gardez ce concept à l'esprit, vous n'aurez pas besoin de vous inquiéter parce que votre scénario est relationnel et plus lent que les *Rambo* ou les *James Bond*. Ou parce que le rythme rapide de votre film d'action-et-d'aventure se ralentit pendant une scène d'amour. Tant qu'il y a des scènes d'action et de réaction votre scénario aura une direction, une focalisation et une dynamique.

Analysez le type de points d'action que vous utilisez et comment vous vous efforcez de faire avancer l'histoire à l'Acte Deux. N'imposez pas d'éléments à votre histoire à moins que ceux-ci soient d'ordre intrinsèque, mais n'ayez pas peur de créer des moments forts et dramatiques. L'histoire et en particulier le second acte auront besoin d'énergie et de force pour être excitants et conserver une dynamique fluide.

CHAPITRE CINQ

CREER UNE SCENE

Les scènes sont les fondations de l'histoire. Grâce à l'utilisation des images et des dialogues, une très bonne scène va faire progresser l'histoire. Elle construit les personnages, explore une idée et construit une image. Une superbe scène fera tout cela, une bonne scène apportera seulement quelques uns de ces éléments.

De nombreuses fois les auteurs m'ont dit qu'ils avaient écrit une scène pour construire leur personnage or c'est tout ce que la scène fait. Mais le cinéma est un médium dimensionnel. Une scène peut accomplir de nombreux buts à la fois : montrer une image grâce à l'arrière-plan, construire les personnages par leurs actions, faire avancer l'histoire grâce à un élément de dialogue. Et la combinaison de tous ces éléments peut contribuer à explorer le thème.

Une scène superbe élabore la tension et le suspense. Elle peut faire ressentir la terreur, ou les faire pleurer. Elle peut même provoquer des changements physiques chez les spectateurs : des paumes moites ou des battements de coeur plus rapides.

Une scène superbe passionne les spectateurs parce qu'elle les touche.

D'après Aristote, les tragédies doivent engendrer de la pitié et de la peur. Un grand nombre des meilleurs films parviennent à susciter ces émotions, mais ils font aussi ressortir d'autres sentiments tels que la compassion et la joie parfois la colère et la frustration, l'excitation, la déception et la tristesse.

L'IDEE DE LA SCENE

Comme dans tous les autres aspects de l'écriture de scénario, il n'y a pas de règles et de formules mais des concepts et des idées qui peuvent vous aider à comprendre comment on écrit de façon dramatique. Lorsque vous travaillez sur vos scènes rappelez-vous qu'étymologiquement, le mot cinéma signifie « des images en mouvement ».

Bien que le fait d'écrire implique d'utiliser des mots, le scénariste crée en fait des dialogues et des images. Cela signifie que le scénariste choisit des scènes qui contiennent un mouvement et une direction ainsi que des conflits, une action et des émotions. Il exprime cela grâce aux lieux de tournages, aux actions dramatiques et à des relations dynamiques entre les personnages.

Puisque le cinéma est lié au mouvement, la plupart des scènes sont courtes. Elle peuvent aller d'une phrase ou deux, à trois ou quatre pages. Les dialogues sont très brefs. Les scénarios ont une longueur déterminée. Ils ne font, en général, qu'environ 120 pages. Chaque ligne de dialogue et chaque description compte. Et puisque la scène va être exprimée par le réalisateur et les acteurs, ces scènes doivent prévoir les couleurs, les textures, les relations et les sentiments qui peuvent naître grâce à ces autres artistes. Lorsque vous écrivez un scénario, les mots que vous sélectionnez ne doivent jamais être superflus. De nombreux détails doivent être évoqués en quelques phrases pour donner une idée sur les personnages et sur ce qu'ils doivent accomplir, sans en dire trop pour ne pas se substituer au travail de tous les autres.

Une bonne scène accomplit un certain nombre d'objectifs :

(1) Elle fait progresser l'histoire en vous donnant les renseignements dont vous avez besoin pour la suivre : des indices dans un film policier ou l'évolution d'une relation dans une histoire d'amour. Un bon film vous propose un voyage au cours duquel chaque scène vous rapproche de votre destination. Dans un bon scénario, les scènes vous entraînent dans une direction et une bonne proportion des scènes vous rapprochent du climax. (Pensez à la façon dont les scènes apportent des renseignements dans *Le Fugitif* ou conduisent progressivement Michael à se démasquer dans *Tootsie*, ou bien comment elles offrent à Clarise Starling de plus en plus d'indices dans *Le Silence des agneaux*.

Une scène narrative contient en germes l'action de la scène suivante. Dans *Witness,* John Book essaie d'obtenir des renseignements de Samuel, ce qui fait progresser l'action.

JOHN BOOK

Je suis officier de police. Sam, l'homme qui a été tué ce soir était un policier et c'est mon travail de découvrir ce qui s'est passé. Alors, je voudrais que tu me dises tout ce que tu as vu quand tu étais aux cabinets, tu veux bien ?

Et l'enquête peut débuter grâce à cette scène.

Une scène narrative n'a pas besoin d'être directe ou didactique, elle doit anticiper sur la scène suivante.

Dans *Tootsie,* George, qui est l'agent de Michael, lui dit :

GEORGE

Personne ne t'engagera.

MICHAEL

Tu essaies de me faire croire que personne à New York ne veut plus de moi.

GEORGE

(L'interrompant)

Non, ça c'est trop limité, y a personne à Hollywood non plus qui voudra de toi.

CUT TO :

RUE. EXT. JOUR

Et l'histoire commence lorsque nous voyons Michael, qui a décidé de se transformer en Dorothy marcher avec sa première paire de talons hauts. Si personne n'a voulu l'engager en tant que Michael, peut-être le sera-t-il sous les traits de Dorothy Michaels.

(2) Les scènes d'intrigues secondaires construisent essentiellement les personnages. Mais ceci peut être également le cas dans les scènes narratives de l'intrigue « A » en montrant comment quelqu'un prend des décisions, les actions qui sont choisies et comment un personnage se comporte dans des moments difficiles.

Les renseignements sur les personnages dans une scène narrative « B » ont souvent une chute dans une scène narrative « A ». Parfois une scène peut sembler n'être là que pour construire les personnages, mais elle peut, en fait, introduire un atout du protagoniste qui lui sera utile pour atteindre son but.

Il se peut que vous ayez un protagoniste qui s'adonne à son sport favori : l'escalade. Cela semble n'être qu'une scène destinée à construire le personnage mais par la suite nous verrons que le protagoniste a besoin de ce talent lorsqu'il devra secourir les soldats américains disparus en action ou donner l'assaut à une forteresse au sommet d'une falaise.

Dans les meilleures scènes centrées sur les personnages les détails les concernant ne sont pas choisis au hasard. Elles révèlent des caractéristiques qui serviront à un autre moment. Si bien que les détails donnés dans une scène telle que la fascination pour les jeux d'ordinateur (*War Games*), l'habileté à imiter des voix (*Mrs Doubtfire, Mme Doubtfire*), ou la passion pour le piano (*The Piano*, *La Leçon de piano*) ne sont pas seulement là pour construire le personnage, ils font avancer l'histoire.

Dans *Witness,* nous découvrons de nouveaux aspects sur John et Rachel lorsqu'elle lui apporte de la limonade à la grange. La scène fonctionne à de nombreux niveaux. On apprend que John est un bon menuisier, ce qui prépare la scène de la construction de la nouvelle grange. Elle établit un contraste entre John et Daniel. Daniel boit sa limonade de façon civilisée, John l'avale de façon sensuelle. Elle permet de développer la relation entre John et Rachel par la manière dont il se moque d'elle. Et cela fait progresser l'intrigue « B » en montrant que Rachel est nettement plus attirée par John que par Daniel.

JOHN BOOK
Qu'avez-vous fait de Hochstetler ?

RACHEL
Il a pris de la limonade et il est reparti.

JOHN BOOK
C'est une vraie fusée.

RACHEL

Vous vous y connaissez en menuiserie ?

JOHN BOOK

Oui, je bricole.

RACHEL

Vous savez faire autre chose ?

JOHN BOOK

Molester. Je moleste comme personne.

Cet échange sur le mode de la provocation révèle la dynamique entre ces deux personnages qui reste encore confinée au sous-texte. Si l'on cherchait à reconstituer le sous-texte, on pourrait imaginer ceci pour Rachel : « Je suis attirée par vous, et j'aimerais que vous compreniez clairement que je ne le suis pas du tout par Daniel. » Pour John, le sous-texte pourrait être : « Je me rend compte que la relation entre vous et Daniel n'est pas la passion du siècle, je voulais juste le vérifier, mais je ne veux pas que nous devenions trop intimes parce qu'il faudra bientôt que je parte. » L'attirance qui est développée ici culmine pendant la scène où ils dansent ensemble et pendant celle de la construction de la grange.

(3) Une scène est également censée explorer un thème. Tout film a un sujet, que ce soit le bien ou le mal, les notions d'identité, d'intégrité ou d'avidité, l'amour, la trahison ou toute autre idée qui a un rapport avec la condition humaine. Les scènes explorent et développent une idée à partir des mots prononcés par les personnages, les actions qu'ils accomplissent, et les images créées dans le scénario.

Parfois une scène peut raconter directement le thème. Dans *Witness*, Eli explique une idée cruciale de la philosophie Amish.

ELI

Cette arme de feu sert à prendre la vie humaine... Ce que tu as dans tes mains, tu l'as dans ton coeur.

A d'autres moments, l'idée est exprimée par les décisions et les réactions d'un personnage. Rachel exprime sa philosophie et ses idées par la manière dont elle agit.

Le calibre 38 de Book est dans son étui, à l'intérieur du tiroir. Samuel est fasciné et il le prend dans ses mains. Incapable de résister, il commence à sortir l'arme de son étui.

JOHN BOOK

Pas un geste... Ne jamais, jamais toucher un revolver chargé...

Et lorsque Rachel entre :

RACHEL

Samuel, attends-moi en bas dans la cuisine. John Book, pendant votre séjour chez nous, j'insiste pour que vous respectiez nos usages.

JOHN BOOK

Oui, bien sûr, tenez. Prenez-le. Cachez-le bien dans un endroit où il ne le trouvera pas.

Il y a un temps de pause et Rachel prend le revolver. Elle le tient du bout des doigts puis s'éloigne.

L'attitude des personnages et la situation évoquent le thème de la non-violence.

(4) Une bonne scène construit également une image. Une partie de cela est le travail du réalisateur mais le scénariste doit inclure des images dans le scénario et être conscient de ce qu'elles veulent dire.

Lorsque cela est mal fait, l'image se contente de répéter une idée au lieu de la développer. Si on montre un personnage en train de compter son argent pendant de nombreuses scènes, pour suggérer qu'il est avide, on n'obtiendra qu'une impression de répétition.

Une image doit évoluer et approfondir l'idée. Pour évoquer l'avidité, le scénariste peut montrer une personne qui serait prête à faire n'importe quoi pour gagner de l'argent. A la scène suivante, il peut acheter des meubles chers et des bijoux. Dans une autre scène, on pourra montrer des gardes, il peut y avoir un système d'alarme et des chiens pour protéger son argent. Plus tard, on peut découvrir que cet individu place l'argent au-dessus de sa famille, de l'amitié et de l'intégrité.

Parfois une image évoque le thème visuellement à l'intérieur d'une scène.

Des descriptions peuvent établir le thème de la communauté comme dans la première scène de *Witness* : « Des silhouettes vêtues de noir avancent le long d'un chemin » ce qui montre une communauté qui a les mêmes valeurs, les mêmes vêtements et le même style de vie.

L'idéal serait qu'une scène fasse avancer l'histoire, construise les personnages, explore un thème et crée une image. Mais c'est rarement le cas. Certaines scènes de films policiers se contentent de faire progresser l'histoire et de donner quelques détails nouveaux sur les personnages. Des scènes de l'intrigue secondaire ne feront pas progresser l'histoire, elles seront centrées sur les personnages et le thème. Mais si vous gardez à l'esprit que les scènes peuvent fonctionner à de nombreux niveaux cela va automatiquement améliorer la qualité de vos scènes.

QUELLES SCENES FAUT-IL GARDER ET OU DOIT-ON LES PLACER ?

Chaque histoire contient un nombre infini de scènes potentielles, au fur et à mesure que les personnages se développent. Les personnages dorment, mangent, se lèvent le matin, confrontent les autres, se querellent, prennent des décisions, élaborent des stratégies sur des événements futurs, prennent part à des activités de loisirs… Lesquelles faut-il choisir ? Dans la plupart des cas, vous pouvez faire confiance à votre instinct dramatique, mais il y a certaines idées qu'il faut garder à l'esprit lorsqu'on crée une scène.

Assurez-vous que les temps forts de l'histoire « A » soient clairs. Chaque histoire a des temps forts qui font partie de la courbe dramatique de l'histoire. Vous n'allez pas montrer chacun de ces temps forts, mais vous aurez besoin d'établir une place pour chacun d'entre eux à l'intérieur de votre descriptif pour être sûr que votre histoire se construit de façon cohérente. Dans une histoire policière, on aura un meurtre, un enquêteur chargé de l'affaire, des indices et pour finir la capture du criminel. Dans une comédie telle que *Tootsie,* il est nécessaire d'établir que Michael n'arrive pas à trouver un emploi. On peut construire des moments spécifiques qui expliquent que Michael/Dorothy est un acteur excellent, montrer les complications lorsqu'il tombe amoureux de Julie alors que le producteur du soap veut renouveler son contrat, et montrer ensuite clairement comment il va s'en sortir. Naturellement, déterminez aussi l'emplacement des temps forts de votre intrigue secondaire afin que toutes les lignes narratives se mettent bien en place du début à la fin. Il ne doit pas rester de trou dans l'histoire. Vous devez donc vérifier le contenu de chacune de vos scènes afin de vous assurer qu'elles contiennent les temps forts dont vous avez besoin.

Montrez l'action au lieu de la raconter. Le cinéma est une question d'action. Cela consiste en une série d'événements qui nous font avancer vers le climax. Au lieu de parler d'un meurtre, d'une promotion, d'une rencontre entre deux amants, vous gagnerez un effet d'immédiateté en montrant ces événements. Au moment où vous établissez la progression de votre histoire, trouvez les événements qui créeront l'histoire la plus cinématographique. Et montrez-les de la façon la plus dramatique possible.

Rendez les scènes statiques intéressantes en y ajoutant de l'action. Vous aurez souvent des scènes statiques, telles que les moments où les personnages conduisent une voiture, ou sont assis dans un restaurant. Même ces scènes peuvent acquérir de l'intensité, devenir intéressantes, dramatiques et révéler de nouveaux détails.

Dans de nombreux films, nous voyons des scènes statiques auxquelles a été ajouté une certaine activité. Pensez au nombre de fois où nous voyons une scène dans laquelle nous obtenons un renseignement important pendant que les personnages font du jardinage, épluchent des petits pois, sarclent autour de leurs hortensias, plient le linge ou lorsque l'héroïne se brosse les cheveux avant d'aller se coucher.

Dans *Liaison fatale*, Dan et Berth parlent dans la cuisine de la maison qu'ils veulent acheter. Cela serait une scène d'exposition statique si le scénariste n'y avait pas ajouté la présence de leur fille Ellen qui s'évertue à faire des tours de magie avec des cartes pour son père. Elle est adorable et elle a tendance à les rater.

Même si cette scène n'est qu'un moment ennuyeux d'exposition, l'auteur peut faire en sorte que quelque chose d'intéressant se passe.

Utiliser des scènes pour orienter les spectateurs. Il y a des moments où vous aurez besoin d'ajouter des scènes d'établissement pour faire en sorte que le public sache où il se trouve, ou de décrire la relation entre deux éléments. Généralement, une scène d'établissement est brève. Il peut s'agir d'une voiture qui va jusqu'à un bâtiment pour établir où le personnage vit, ou d'une scène brève qui établit l'extérieur de la prison, suivie par une courte scène intérieure qui montre la disposition des cellules. Parfois, une scène d'établissement montre la hauteur d'un barrage (*Le Fugitif*) ou combien de temps la course va prendre (*Ben Hur*) ou à quel point la tour est haute (*Vertigo*). Sans ces scènes, les spectateurs risquent d'être désorientés car ils ne bénéficieront pas des renseignements visuels dont ils ont besoin pour comprendre l'histoire. Si vous voulez voir des films dont les scènes d'exposition ne sont pas réussies, regardez *Mrs. Soffel* ou la scène de bataille à O.K. Corral dans *My Darling Clementine* (*La Poursuite infernale*). Dans ces deux films, il arrive souvent que l'on ne comprenne pas où l'on se trouve et qu'on ne puisse pas évaluer la distance entre les personnes, les bâtiments et les chevaux.

Le montage peut être utilisé pour donner des renseignements et montrer l'écoulement du temps. Ce procédé consiste en une série de scènes courtes, en général avec très peu ou pas de texte, qui donnent un élément d'information par scène. Grâce à plusieurs petites scènes courtes d'affilée, on peut évoquer des renseignements rapidement.

On a tous vu ce type de succession de scènes : des personnages tombent amoureux, ils dînent aux chandelles, ils marchent sur la plage main dans la main, ils s'embrassent sous la pleine lune et ils font l'amour passionnément. Au lieu de passer un acte entier à montrer comment ils tombent amoureux, ce type de montage fait cela en quelques secondes. L'histoire peut alors développer d'autres aspects de leur relation comme ce qui se passe après cette période : leur mariage... Ces montages romantiques sont les plus populaires. Ils sont même utilisés de façon excessive, mais un montage peut s'appliquer à n'importe quel sujet : une série de scènes sur la recherche d'un emploi, la construction d'une maison, un déménagement vers une autre ville ou même une enquête sur un crime.

Les montages cependant ne donnent pas lieu à des scènes développées présentant beaucoup d'interaction entre les personnages. Ils n'expriment pas de conflits et n'évoquent pas beaucoup d'émotions. Mais ils permettent de présenter une grande quantité de renseignements rapidement. Vous trouverez certainement utile de regarder le montage du début de l'Acte Deux dans *SOS fantômes*, lorsque les éliminateurs de fantômes parviennent enfin à leur but. Cela commence juste après qu'ils aient capturé le fantôme à l'hôtel. Le montage montre qu'on parle d'eux dans la rue. Ils apparaissent sur la couverture de *Time Magazine* et ils font l'objet d'une émission de Larry King.

Le Fugitif a un montage qui fonctionne bien à environ la moitié de l'Acte Deux, lorsque le commissaire de police questionne les amis de Richard et que celui-ci se fabrique une nouvelle identité comme gardien d'hôpital.

Dans *Tootsie*, il y a en a un à la fin de l'Acte Deux qui montre Dorothy qui a du mal à s'occuper d'Amy, la fille de Julie. Il évoque une soirée longue et difficile.

MONTAGE :
LA CHAMBRE D'AMY. INT. PLUS TARD
Assise sur le sol, encerclée par tous les jouets d'Amy, Dorothy secoue ses jouets et lui fait des grimaces de bonheur. Amy continue à pleurer.

SALON – INT. PLUS TARD
Dorothy fait du jogging tout autour de la pièce sur ses hauts talons en tenant Amy dans ses bras alors que celle-ci continue à pleurer. Elle jogge du salon à l'entrée et jusqu'à la chambre.

CUISINE. INT. PLUS TARD
Dorothy donne à manger à Amy, de la compote de pomme (elles sont toutes deux recouvertes de compote). Amy continue à pleurer. Dorothy reçoit la nourriture qu'Amy lui jette à la figure.

LA SALLE DE BAIN. INT. PLUS TARD
Dorothy essaie de nettoyer son chemisier et ses cheveux tout en parlant à Amy qu'elle a installée dans l'évier

SALON. INT. PLUS TARD
Dorothy est assise, avec Amy sur les genoux. Elle utilise les jouets qui sont sur la table pour essayer d'endormir Amy. Rien ne marche.

LA CHAMBRE D'AMY. INT. PLUS TARD
Amy joue parmi ses jouets sur le sol. LA CAMERA SE RETIRE pour révéler Dorothy endormie dans un coin. Dorothy se réveille en sursautant en entendant un bruit hors cadre. Elle se lève et ramasse Amy.

SI VOUS DEVEZ FAIRE DES SCENES D'EXPOSITION, QU'ELLES SOIENT VISUELLES ET DRAMATIQUES

Il y a des moments où le public a besoin d'avoir certains renseignements dans une scène. Si vous restez à ce niveau informatif, ce n'est pas intéressant. Même dans ce cas, il existe un certain nombre de techniques pour compenser ce qui pourrait être statique ou ennuyeux.

On peut trouver l'une des plus belles scènes d'exposition dans *Les Aventuriers de l'arche perdue*. En lisant cette scène faites attention au nombre de techniques qui ne sont là que pour dissimuler le fait que sa fonction dramatique ne consiste qu'à donner un simple élément d'information : les Nazis ont découvert Tanis.

Si vous revoyez ce film, vous vous apercevrez que cette scène aurait pu avoir lieu n'importe où : dans un bureau ou dans une salle de conférences sans le moindre décor. Au lieu de cela, l'auteur utilise un décor visuellement intéressant, une grande salle de conférences gothique, ce qui ajoute un intérêt visuel à cette scène.

SALLE DE CONFERENCES. INT. JOUR
INDY monte sur l'estrade. Deux hommes, EATON et MUSGROVE, le suivent.

EATON
Vous étiez le disciple du Professeur Ravenwood à l'université de Chicago.

INDY
Oui, c'est ça.

EATON
Vous n'avez aucune idée de l'endroit où il pourrait se trouver aujourd'hui ?

INDY
La rumeur prétend qu'il est quelque part en Asie. Je ne lui ai pas parlé depuis dix ans. Nous étions des amis, mais... certains problèmes délicats nous ont séparés.

On donne des détails sur l'histoire antérieure, ce qui va permettre de révéler des renseignements sur les personnages tout au long de la scène. Ici nous découvrons où Indy a fait ses études. Les scénaristes ont fait des recherches, ils ont choisi l'une des meilleures universités du pays pour le doctorat d'Indy. Donc il s'agit de quelqu'un d'intelligent ! Nous découvrons des renseignements sur sa relation avec le Professeur Ravenwood, mais il ne s'agit pas uniquement d'éléments informatifs. Nous découvrons également des détails d'ordre émotionnel. Indy regrette d'avoir perdu de vue Ravenwood.

Au fur et à mesure que la scène progresse, elle établit un climat mystérieux ainsi que des renseignements d'exposition importants pour l'ensemble de l'histoire.

MUSGROVE

Docteur Jones, ce qui va suivre, nous tenons à le souligner, est strictement confidentiel.

INDY

Oui, bien sûr.

Musgrove s'éclaircit la gorge.

MUSGROVE

Hier, en fin d'après-midi, deux de nos bureaux européens ont intercepté un câble allemand qui était parti du Caire à destination de Berlin.

EATON

(l'interrompant)

Il faut que vous sachiez que depuis environ deux ans les Nazis envoient des équipes d'archéologues aux quatre coins du monde avec pour mission de rechercher toutes sortes d'antiquités religieuses. Hitler se passionne pour cette opération. Il est obsédé par l'occulte. Et si nos renseignements sont exacts, des fouilles ont été récemment entreprises en Egypte par les Allemands dans le désert à l'ouest du Caire.

Musgrove ouvre une mallette.

MUSGROVE

Nous avons ici quelques documents qui s'y réfèrent, mais ils nous semblent obscurs, peut-être seront-ils plus clairs pour vous. (Il lit) « Site Tanis en bonne voie, ensemble intact. Acheter pommeau, médaillon bourdon de Ra. Abner Ravenwood. »

Nous avons ici beaucoup d'éléments d'exposition. Mais remarquez comment le dialogue s'enchaîne entre Brody et Musgrove, conservant notre intérêt en rebondissant entre ces deux personnages. Et remarquez comment un sentiment d'excitation est construit lorsque Eaton interrompt Musgrove afin d'être celui qui donne à Indy les renseignements importants. Mais c'est Musgrove qui détient le télégramme et qui reprend la parole une fois de plus pour clarifier la raison de leur présence.

Au fur et à mesure que la scène avance, les réactions émotionnelles d'Indy donnent une tonalité particulière à la scène. Ces renseignements le mettent clairement dans un état de forte excitation. Il interrompt même Brody, au fur et à mesure qu'il découvre de nouveaux éléments. Indy et Brody échangent des regards et Indy frappe sur la table.

INDY

Les Allemands ont découvert Tanis.

EATON

Mais qu'est-ce que c'est Tanis ?

BRODY

Et bien...

INDY

(l'interrompant)

C'est une cité disparue qui abritait probablement l'Arche d'Alliance.

MUSGROVE

L'Arche d'Alliance ?

Nous commençons aussi à glaner des renseignements sur l'impressionnante quantité de savoir d'Indy. Bien qu'il ne se considère pas comme un expert sur Tanis....

(« C'est Ravenwood qui a fait les premières recherches sérieuses sur Tanis. C'était véritablement son obsession. Mais il n'a jamais trouvé cette ville. ») Préalablement, la scène a établi les talents archéologiques d'Indy, on découvre maintenant ses talents professoraux.

INDY
L'Arche perdue, le coffre dans lequel les Hébreux rangeaient et transportaient les commandements.

EATON
... Vous voulez dire les Dix Commandements ?

INDY
Oui, je veux dire les dix commandements, les Tables de la Loi gravées sur pierre que Moïse ramena du massif de l'Horeb et brisa de colère s'il faut en croire les Ecritures.

Les deux hommes sont impressionnés, mais restent impassibles.

INDY
Vous n'allez jamais au catéchisme ?

Nous obtenons ici des renseignements supplémentaires sur les personnages, l'attitude d'Indy à l'égard de la religion… Il a suivi le catéchisme, mais il semble désormais être agnostique.

Puis la scène explique l'histoire de l'Arche, comment elle a été déposée dans le Temple de Salomon à Jérusalem avant de disparaître dans une tempête de sable.

Mais il y a encore d'autres renseignements à faire passer, ce qui est fait grâce à des images fortes.

EATON
Mais qu'est-ce que c'est donc qu'un pommeau médaillon de bourdon ?

INDY

Le bourdon en question est un bâton à peu près haut comme ça.

Il indique sa hauteur, fait basculer un tableau noir, et commence à tracer des informations à la craie.

Cet élément visuel nous aide à reconnaître le bourdon lorsque nous le voyons par la suite dans le film. Et, à la fin de la scène, une gravure aide à symboliser le pouvoir de l'Arche.

EATON

Cette Arche, de quoi a-t-elle l'air ?

INDY

Vous allez la voir. J'ai une gravure ici.

Il ouvre un livre fermé avec un loquet et leur montre une gravure représentant une bataille dans la Bible - l'armée israélite écrase l'armée opposée. Ce qu'il y a d'étonnant, c'est le jet brillant de lumière blanche qui émane de l'Arche.

Et l'on s'achemine vers la fin de la scène avec un certain humour, grâce à une bonne réplique de Brody.

EATON

Mon Dieu.

BRODY

Oui, c'est exactement ce que les Hébreux ont dit.

MUSGROVE

Mais, qu'est-ce que c'est que ces espèces de rayons ?

INDY

Le feu du ciel... le pouvoir de Dieu Tout-Puissant.

EATON

Je commence à comprendre pourquoi Hitler s'intéresse à l'Arche perdue.

BRODY

Oui, selon la Bible, l'Arche d'Alliance devrait raser les montagnes et dévaster des régions et des pays entiers. Une armée qui serait précédée de l'Arche serait invincible.

Et la scène s'achève sur l'idée des risques encourus, si jamais les Nazis découvraient Tanis.

Tout au long de cette scène, les émotions, les comportements, les éléments visuels et le conflit l'ont rendue cinématographique tout en conservant son but : faire passer des renseignements de façon dramatique.

LE POINT DE VUE

exemple de films racontés du point de vue de deux personnages ... ?

Très tôt, lorsque vous prendrez des décisions sur vos scènes, vous devrez vous demander quel est le personnage principal de l'histoire, c'est-à-dire quel est le personnage dont vous vous souciez, à qui vous vous identifiez et dont vous allez suivre l'action. Vous devrez savoir jusqu'à quel point vous allez raconter l'histoire du point de vue de ce personnage.

Un film peut être raconté du point de vue d'un des personnages ou d'un point de vue omniscient. De nombreux films souhaitent que vous vous identifiez pleinement avec un personnage particulier. Vous ne savez que ce que le personnage sait. Ce personnage apparaît dans chaque scène, et vous voyez l'histoire à travers ses yeux. *Tootsie* est un film sur Michael Dorsey. Pour ainsi dire chaque scène traite de Michael. C'est lui que l'on suit tout au long du film. *The African Queen* est raconté à partir du point de vue de deux personnages, Rose et Allnutt. Chaque scène contient l'un ou l'autre de ces personnages.

Un point de vue omniscient fait comprendre au public des éléments que le protagoniste ne pourrait pas connaître, ce qui donne un point de vue plus objectif et plus large à l'histoire. Au lieu de s'identifier totalement avec l'un des personnages, on voit d'autres éléments de l'histoire. C'est le cas de *La Liste de Schindler* qui est construit d'un point de vue omniscient avec des scènes centrées sur Schindler, le commandant, les femmes dans le camp de concentration, les enfants, les hommes, les nazis et les gens dans le ghetto...

Parfois les films policiers font en sorte que le public en sache plus que le protagoniste en montrant des passages sur le criminel, d'autres sur les policiers, même si la plupart des scènes restent centrées sur le protagoniste.

Certains films associent le point de vue d'une ou deux personnes avec des scènes omniscientes. Dans *Le Fugitif*, la plupart des scènes sont soit sur le shérif adjoint Sam Gerard ou sur Richard Kimble, mais il y a aussi quelques scènes avec la police de Chicago ou le manchot. Si vous voulez que le public s'identifie clairement à un ou deux personnages, vous aurez un point de vue plus étroit et plus subjectif. Si vous avez besoin de donner plus de renseignements aux spectateurs pour qu'ils comprennent les nombreux temps forts de l'histoire qui constituent le mystère vous élargirez ainsi le point de vue général de l'histoire.

OU COMMENCER ET OU FINIR LA SCENE ?

Certaines scènes commencent trop tôt. Elles traînent. Elles ne semblent pas avoir un point de focalisation clair. Elles n'ont ni direction, ni moyen de se donner une direction.

D'autres scènes commencent trop tard. Elles ne donnent pas aux spectateurs les renseignements importants dont ils ont besoin. Le scénariste n'a pas pris le temps adéquat de construire la tension, le conflit ou le suspense.

Afin de décider où commencer une scène, commencez par décider où elle va se terminer. Quel est le but de la scène ? Pourquoi voulez-vous l'inclure ? Quelle est l'information la plus importante que les spectateurs doivent retenir ? Sur quoi est-elle centrée ? Où va-t-elle ?

On peut avoir une scène où *Tootsie* essaye d'obtenir un emploi. Son but est donc de se faire engager. Une autre peut conduire à un meurtre, une autre encore montrera un détective qui trouve des renseignements importants.

Maintenant où allez-vous commencer ? Qu'est-ce que les spectateurs ont besoin de savoir pour comprendre la scène ? C'est ce qu'il faudra établir. Dans *Tootsie*, on pourrait débuter la scène avec l'arrivée de Tootsie au studio. Ici le contexte du studio serait établi au début de la scène. Ce contexte inclut un sens de la compétition, la présentation des personnages impliqués et ce qu'on demande à Dorothy.

Puis quel est le développement de la scène ? Quels événements sont nécessaires afin de conduire de ces détails d'exposition au climax de la scène ? Dans *Tootsie*, le développement comporte le moment de l'audition de Dorothy, celui où « elle » est presque renvoyée et finalement lorsqu'elle est embauchée.

Pensez à la direction nécessaire de la scène afin qu'elle s'enchaîne bien avec la suivante. Dans *Tootsie*, la scène d'embauche conduit directement à celle où Dorothy salue son agent au Russian Tea Room, ce qui prouve « qu'elle » peut obtenir ce rôle.

Pensez à l'action de votre scène. De nombreux scénaristes pensent en termes de contenu et leurs scènes sont bavardes. Mais si vous pensez en termes d'action, automatiquement votre scène gagnera une nouvelle énergie. Elle comportera des événements qui provoquent des réactions, des décisions et de nouvelles actions. Vous avez par exemple des individus qui discutent lors d'un dîner. Cette scène sera vraisemblablement fondée sur le dialogue au lieu d'être fondée sur l'action. Si vous la retravaillez en termes d'action, il se peut que vous décidiez de commencer en montrant les gens au moment où ils se rencontrent et réagissent les uns aux autres. Ou bien vous pouvez décider de montrer une confrontation entre deux des invités ce qui conduira à une action. Par exemple, l'un des invités quitte le dîner pour manifester son désaccord. La discussion devient animée. L'un d'eux jette son verre de vin. En pensant en termes d'action, même une scène relativement statique va devenir dramatique, émotionnelle et dynamique.

STRUCTUREZ ET FORMEZ VOS SCENES

L'histoire générale a une structure, et il en est de même pour les scènes. Elles ont une direction et un mouvement. Une scène bien structurée aura souvent trois actes avec un début, un milieu et une fin clairs, ainsi qu'un premier et un deuxième pivot et une construction dramatique vers le climax. L'une des scènes les mieux structurées est la scène du meurtre dans *Witness*. J'ai quelque peu modifié la scène ici, mais dans le scénario elle fait approximativement trois pages ce qui correspond à environ trois minutes et demie à l'écran. Dans le film on peut voir comment le travail du réalisateur Peter Weir renforce la structure intrinsèque en trois actes de la scène écrite en changeant le mouvement et le son lors des pivots.

Je vais diviser cette scène en trois actes afin que vous puissiez comprendre plus clairement sa structure.

ACTE UN : (le début de la scène montre Samuel qui entre dans les cabinets et croise le regard de l'homme qui s'y trouve.)
GARE. PHILADELPHIE. INT. NUIT
RACHEL / SAMUEL
Samuel se redresse et dit quelques mots à sa mère qui acquiesce. Il s'éloigne, sans son chapeau. Mais Rachel le saisit et le lui met sur la tête.

CABINETS. INT
Une longue rangée d'éviers, d'urinoirs et de portes... (Samuel échange un regard avec un homme qui se lave les mains). Samuel marche le long de la rangée de portes et en choisit une vers le fond.

... Deux autres hommes entrent dans les cabinets ; l'un d'entre eux est un GRAND NOIR qui porte un costume trois pièces (McFEE). Son PARTENAIRE Fergie est un Blanc qui porte un jean de marque et une courte veste en cuir.

PREMIER PIVOT : (le premier pivot de la scène est l'attaque, le second sera le meurtre).

ACTE DEUX :
ANGLE SUR LES CABINETS DE SAMUEL.
Ils avancent vers l'homme d'un air extrêmement menaçant... une lutte sauvage et silencieuse s'ensuit...

RETOUR SUR LA BAGARRE
Alors que la lutte atteint son climax... le Noir fait signe à son partenaire de surveiller la porte...

ANGLE SUR LES CABINETS DE SAMUEL
Il entrouvre sa porte qui craque. Par-dessus son épaule, dans le miroir... on aperçoit le visage du Noir.

Il se dirige vers la sortie, puis réfléchit et regarde la rangée de cabinets.

SON POINT DE VUE - LES CABINETS

Tout est calme, mais...

DEUXIEME PIVOT : (Samuel fait un bruit, qui conduit au troisième acte de la scène, lorsque McFee vérifie chaque porte et trouve presque Samuel.)

ACTE TROIS :

Le Noir sort rapidement un magnum 357 et se met à ouvrir toutes les portes brutalement en commençant par la plus proche.

... Alors que le Noir approche, Samuel essaie désespérément de fermer le loquet. Il finit par y arriver, juste à temps.

LE NOIR cherche à ouvrir la porte de Samuel d'un coup de coude... mais elle ne s'ouvre pas.

ANGLE SUR LES CABINETS DE SAMUEL
Luttant contre l'angoisse, Samuel s'est recroquevillé le plus loin possible.

LE NOIR donne un coup de pied à la porte, qui résiste.

Désespéré, Samuel, se glisse sous la paroi du cabinet voisin que le Noir vient de vérifier, mais il perd son chapeau. On aperçoit sa main qui se faufile dans le cadre pour l'attraper…

CLIMAX :
... juste au moment où le Noir donne un coup violent dans la porte qui fait éclater la serrure et la sort presque de ses gongs. Il se retrouve dans l'encadrement, le canon de son 357 droit sur les spectateurs.

RESOLUTION :
Il y a une pause, puis le Noir remet son arme dans son étui et se retourne pour suivre son partenaire.

CREER UNE SEQUENCE DE SCENES

Lorsque vous créez des scènes, pensez à leur relation les unes avec les autres. Plus la relation est étroite, plus la fluidité et le sujet seront clairs, et moins vous risquerez de trouver votre histoire chamboulée au hasard par votre chef du développement ou votre producteur.) En général, plusieurs scènes constituent une séquence. Il peut s'agir de scènes de poursuites excitantes tout autour de la ville, de plus en plus rapprochées, jusqu'à ce que la voiture ait un accident ou que le méchant soit capturé. Regardez la séquence de scènes qui construisent l'histoire vers l'explosion finale dans *The Guns of Navarone* (*Les Canons de Navarone*) ou les scènes de développement qui conduisent finalement à la réunion des amants dans *When Harry Met Sally*, *Quand Harry rencontre Sally* ou les scènes qui fonctionnent à contretemps lorsque Mozart achève son opéra dans *Amadeus*.

Dans *Le Fugitif*, la première scène séquentielle : « le meurtre et la condamnation » occupe les onze premières minutes du film. Cette séquence comprend la scène du meurtre, celle de l'arrestation et celle du procès. La séquence suivante pourrait s'intituler « L'évasion » et elle va jusqu'à l'accident du train. La suivante correspond à « la poursuite de Kimble » et comporte les scènes où le shérif adjoint Sam Gerard commence la poursuite jusqu'au moment où Kimble arrive à Chicago. Toutes les scènes de ce film sont regroupées en séquences correspondant à certaines idées et à des actions.

Dans toutes ces séquences, on ne pourrait pas supprimer une scène sans perdre des temps forts importants. Chaque scène est là pour une raison précise et conduit facilement à la scène suivante. Tous les renseignements dont nous avons besoin nous sont donnés avant que nous en éprouvions la nécessité. Le shérif adjoint Gerard est clairement établi comme le shérif américain type avant même qu'il commence à questionner le garde. Kimble a clairement décidé d'aller à Chicago pour chercher le manchot avant de se mettre en route pour cette ville.

OBSERVEZ LA RELATION ENTRE VOS SCENES

Votre nombre de scènes peut aller de 75 à 100. Certaines peuvent être des scènes d'exposition très courtes : un couloir, une rue, l'intérieur d'une voiture. Certaines seront plus développées : d'une à quatre pages. Il n'y a pas de règle. Cependant si vous vous contentez de deux ou trois scènes vous n'utilisez pas le médium cinématographique, vous êtes en train d'écrire une pièce. Si vous avez une centaine de scènes, votre film donnera l'impression d'être précipité et non développé car vous n'aurez pas pris le temps de construire l'histoire.

En observant vos scènes, vous pouvez leur donner un intérêt supplémentaire en étudiant la façon dont elles entrent en relation avec les autres scènes.

CHOISIR DES SCENES QUI CREENT UN CONTRASTE

Puisque le cinéma consiste en des images en mouvement vous pouvez créer des images fortes grâce à la relation entre deux scènes.

Vous pouvez créer un contraste entre deux scènes par l'utilisation de la lumière et de l'obscurité. La première scène se passe dans UN PARC - LE JOUR, et la suivante dans UNE RUE - LA NUIT.

Vous pouvez suggérer des atmosphères contrastées. Une scène d'amour intime et passionnée pourra être mise en contraste avec une querelle dans un parc. Une scène violente peut équilibrer une scène de comédie légère. Dans *Liaison fatale*, Alex et Dan sont tous les deux allongés dans son lit, lorsqu'Alex demande à Dan s'il est prêt à faire quelque chose de plus énergique. CUT TO : Ils dansent dans un club frénétiquement sur de la musique forte.

Vous pouvez créer un contraste en alternant des scènes longues et des scènes courtes ; des scènes visuelles et des scènes de dialogue ; des scènes d'intérieur et des scènes d'extérieur.

Le rythme des scènes peut changer de l'une à l'autre. On peut avoir une scène lente où les personnages se préparent à se coucher, suivie par une scène de poursuite. On a téléphoné par exemple au policier pour lui donner une mission. Dans *Le Fugitif*, il y a un certain nombre de scènes de réflexion courtes lorsque Gerard se lance à la poursuite de Kimble

Il peut y avoir un contraste d'une scène à l'autre lié au sujet traité. Vous pouvez passer d'une scène de meurtre violente à une scène calme à l'intérieur d'une église, ou d'une scène où une famille se querelle à une scène où ils sont calmes et tranquilles. De nombreux films de Woody Allen ont de bonnes scènes de contraste au sein d'une diversité de relations familiales.

Afin d'établir un contraste entre des scènes qui traitent de sujets différents de façon encore plus marquante, on peut les faire s'entrecroiser. Dans *La Liste de Schindler,* une scène de mariage dans le camp de concentration est entrecoupée avec une scène où Schindler embrasse une femme dans un club, et avec une scène ou le commandant frappe Hélène, la femme avec laquelle il vit. Il y a une scène similaire dans *Cabaret*, une bagarre dans une allée qui a pour écho la musique, le bruit et les rires à l'intérieur du cabaret. Dans *The Godfather* (*Le Parrain*), une célébration de baptême est mise en contraste avec un meurtre. Dans *Le Parrain, II*, une parade s'intercale avec le meurtre et dans *Le Parrain, III*, la scène d'opéra entrecoupe les scènes de meurtre.

QUE PEUT-IL SE PASSER DE MAL AVEC DES SCENES BIEN ECRITES ?

Des scènes qui fonctionnent bien n'existent pas de façon isolée. Elles font partie d'une séquence qui fait avancer l'histoire vers le climax. Lorsque les films ne marchent pas bien souvent le problème réside dans des scènes qui peuvent être complètes mais qui ne sont pas liées correctement aux autres scènes. Ceci peut être particulièrement ennuyeux dans des films longs. Si les scènes ne sont pas assez fluides et ne sont pas bien reliées à la courbe dramatique et aux autres scènes, un film de deux heures peut donner l'impression d'en durer trois. Comparez votre propre expérience lorsque vous avez regardez des films qui durent trois heures tels que *La Liste de Schindler, Danse avec les loups* ou *JFK* par rapport à ces films : *The Last Emperor* (*Le Dernier empereur), Hope and Glory (La Guerre à sept ans)*, *The Incredible Lightness of Being* (*L'Insoutenable légèreté de l'être*) et *Shortcuts*. Ces quatre derniers films ont leur propre éclat mais ils paraissent longs parce que beaucoup de leurs scènes sont statiques et descriptives au lieu de faire partie d'une scène séquentielle qui crée la dynamique du film. Lorsque les scènes ne partent pas dans des digressions, qu'elles sont bien construites et qu'elles ont une direction, le film vous passionne et vous perdez la conscience du temps.

La Guerre à sept ans est un film particulièrement intéressant pour comprendre les relations entre les scènes. C'est un film plaisant, élégant et agréable, mais il est construit par épisodes sans véritable force directionnelle. Même si les scènes individuelles fonctionnent magnifiquement, elles ne s'associent pas pour faire avancer l'histoire vers un climax clair. Par conséquent, on n'a pas l'impression d'approcher de la fin du film, et quand celle-ci arrive, on est surpris, car elle semble arbitraire.

Parfois les scènes ne fonctionnent pas parce qu'elles ne sont guère dynamiques et n'ont pas de construction dramatique. Au lieu de s'ajouter les unes aux autres pour rendre clair une idée particulière, elles sont plates et statiques, car elles sont purement descriptives. C'est le cas de scènes où l'on voit un policier au volant, une femme écrivant son journal, ou un homme au travail. Puis on voit le policier qui travaille à son bureau, la femme qui part travailler et l'homme qui rentre chez lui. Bien qu'il soit possible d'utiliser de telles scènes qui n'apportent que des éléments d'exposition ou de caractérisation, si celles-ci sont plus nombreuses que les scènes qui font progresser l'histoire, le film va donner l'impression d'être statique. Si les personnages vous plaisent, vous serez peut-être patient. Sinon, vous aurez l'impression que ce film de quatre-vingt-dix minutes a duré trois heures.

Pour comprendre ce concept, regardez deux petits films qui ont suscité beaucoup d'intérêt en 1993 : *Ruby in Paradise* et *The Bad Lieutenant.* Ces nouveaux cinéastes ont clairement du talent et de l'avenir. Néanmoins, beaucoup de leurs scènes sont statiques, purement descriptives et répétitives. Il y a des problèmes similaires dans certains films de Robert Altman et de John Cassavetes. Bien qu'il s'agisse de cinéastes brillants à bien d'autres égards, il leur manque souvent des temps forts pour propulser leur histoire en avant. Si vous aimez leurs personnages et leur style, vous aurez la patience de regarder ces scènes qui sont de nature épisodique. Mais souvenez-vous qu'une scène peut fonctionner à de nombreux niveaux. Vous pouvez avoir des scènes de caractérisation solides qui sont également de bonnes scènes narratives, tout en explorant un thème et en construisant une image.

APPLICATION

Observez vos scènes et demandez-vous :

> Toutes mes scènes ont-elles une raison pour être dans cette histoire ?
> La majorité de mes scènes fait-elle progresser l'histoire vers le climax ?
>
> Est-ce que j'ai structuré la plupart de mes scènes individuelles de telle sorte qu'elles aient une direction et qu'elles donnent l'impression d'aller quelque part ? Est-ce qu'elles apportent une idée ?

Ai-je commencé ma scène le plus tard possible, où est-ce que je donne des renseignements qui ne sont pas nécessaires avant que la scène ne commence réellement ?

Est ce que je me suis souvenu que les scènes doivent créer une image ? Est-ce que je me suis souvenu de créer cette image, un conflit et des émotions au lieu de me contenter de faire passer des renseignements ?

Est-ce que la relation entre mes scènes est intéressante ? Est-ce que mes scènes sont répétitives, plates ou ennuyeuses ? Ou est-ce qu'il se passe quelque chose de dramatique, d'excitant et de fascinant ?

Est-ce que le public se divertira non pas grâce à l'histoire entière mais grâce à chacune des scènes qui nous conduisent vers le climax ?

Le cinéma crée un rythme visuel. Il réussit à créer un rythme en partie grâce au mouvement à l'intérieur des scènes mais aussi par l'interaction entre les scènes : les contrastes, les éléments de construction, l'intensité et la dynamique des personnages qui, ensemble, contribuent à créer l'histoire.

Si les scènes fonctionnent, vous êtes bien parti pour écrire un scénario qui sera dynamique et clair. Il vous faudra désormais créer un scénario qui soit non seulement dynamique mais unifié.

CHAPITRE SIX

CREER UN SCENARIO UNIFIE

Chaque forme d'art tend vers une idée d'unité. Que vous soyez en train d'écouter un morceau de musique, de regarder une peinture ou un film, vous aurez envie de sentir qu'ils ont une cohésion. On obtient cela de façon différente dans chaque art. La musique utilise des motifs et des rythmes musicaux récurrents. Parfois un instrument particulier se fraie un chemin à travers toute une symphonie, en jouant la même mélodie. Parfois les trombones, les trompettes ou les tambours ne cessent de revenir pour répéter un son ou un rythme. La musique obtient son unité grâce à la sensation que nous avons qu'elle a un début, un milieu et une fin et la répétition nous indique que nous écoutons toujours le même morceau de musique.

Dans un tableau, une couleur et une forme peuvent se répéter. Dans un plaid en patchwork, on retrouve ici et là le même tissu ou la même forme. L'architecture donne une idée de cohésion grâce à des schémas répétés dans les fenêtres ou les arches et grâce à l'utilisation de la lumière.

Le cinéma a aussi besoin de donner une idée d'unité et d'intégration. Les scénarios obtiennent une cohésion par l'utilisation de procédés d'annonce et de chute dramatique, les motifs récurrents, les répétitions et les contrastes.

LES PROCEDES D'ANNONCE ET DE CHUTE

Nous avons tous vu des films policiers où la caméra zoome sur un couteau qui devient par la suite l'arme du crime, ou dans lequel une menace est formulée et accomplie ultérieurement. Ce sont les utilisations les plus évidentes **des procédés d'annonce** (**foreshadowing**) et de **chute** (**payoff**). Un procédé d'annonce consiste en un indice visuel ou un élément de dialogue qui est utilisé pour établir une action, ou en des renseignements dont la chute aura lieu plus tard.

On voit, en général, ces procédés dans les films policiers, car le public a souvent besoin d'aide pour suivre les indices complexes qui conduisent à une solution. On les trouve également dans les comédies où les plaisanteries ont besoin d'être préparées pour obtenir le plus de rires possibles.

Au début de la trilogie de *La Guerre des étoiles*, des renseignements importants sont donnés sur le père de Luke Skywalker et ceux-ci prennent toute leur ampleur lorsque l'on découvre que Darth Vader est son père. Dans *Tootsie* nous apprenons qu'il y a parfois un problème technique avec l'enregistrement et qu'alors l'émission doit alors être tournée en direct. Ce renseignement est réexploité par Michael qui y voit l'occasion de se démasquer au climax du film.

La plupart des films utilisent des procédés d'annonce et de chute. Dans *The African Queen,* Charlie donne des renseignements sur le fort qu'ils vont devoir dépasser avant de torpiller *Le Louisa* ce qui annonce le danger qu'ils vont vivre lorsqu'ils descendront la rivière.

ALLNUTT

S'il y a un seul endroit le long de la rivière que les
Allemands vont surveiller, ce sera Shona parce que
c'est là qu'arrive la vieille route du sud.

ROSE

Mais ils ne peuvent rien nous faire !

ALLNUTT

Bien sûr que si. Ils ont des fusils, peut-être des
mitrailleuses, et même des canons. Une seule balle dans
ces explosifs et nous serions en miettes.

ROSE

On passera de nuit.

ALLNUTT

Je sais que non.

ROSE

Pourquoi ?

ALLNUTT

Après Shona, il y a des rapides. Et personne ne s'y risquerait de jour à moins d'être fou, alors certainement pas de nuit.

ROSE

Alors nous passerons de jour. De loin, très vite.

ALLNUTT

Non, non on ne le fera pas.

ROSE

Et pourquoi donc ?

ALLNUTT

Parce que les rapides commencent juste un petit peu après Shona et personne ne s'y risquerait de jour à moins d'être fou, alors certainement pas de nuit.

ROSE

Nous irons de jour, nous prendrons la rivière sur la rive la plus éloignée de Shona aussi loin que nous pourrons.

Ils y vont et tout se passe comme ils l'avaient prévu.

Nous voyons ici des procédés d'annonce et de chute utilisés de façon assez directe. Le dialogue indique qu'un événement va se passer, et c'est le cas. Dans *Autant en emporte le vent,* Rhett Butler, dit à Scarlett alors qu'ils quittent la ville d'Atlanta en feu, qu'elle est en train de regarder le Vieux Sud en train de mourir et le film prouve que les mots de Rhett sont corrects.

Dans *Retour vers le futur,* nous voyons des cas inhabituels de procédés d'annonce et de chute. Ce scénario n'a pas de longueurs et c'est probablement l'un des meilleurs exemples de la façon d'utiliser ces procédés pour obtenir une unité, de l'humour et de la tension dans l'histoire.

Ces liens entre le présent et le passé sont le résultat d'une écriture soignée. Une bonne partie de l'humour et de l'impression d'unité de l'histoire vient de cette attention aux détails.

Il y a plusieurs types de procédés d'annonce et de chute dans *Retour vers le futur*. La première catégorie de procédés est d'ordre informatif. Ils établissent ce qui va se produire et ce à quoi on doit s'attendre. Une grande partie de cela concerne la façon dont cette machine à voyager dans le temps fonctionne. Le professeur Brown la décrit ainsi :

BROWN

Tu vas assister à ma toute nouvelle expérience, la plus importante de ma vie, le couronnement de toute ma carrière... Si mes calculs sont exacts, lorsque ce petit bolide atteindra 88 miles à l'heure, attends-toi à voir quelque chose qui décoiffe.

Et cela fonctionne juste comme il a dit que cela fonctionnerait, à 88 miles par heure Marty est précipité dans le passé. Brown explique son convecteur temporel, l'horloge et la sorte de fuel utilisé ce qui provoque toute sorte de complications plus tard.

MARTY

Ca consomme de l'essence ordinaire ou du super ?

BROWN

Ni l'un ni l'autre. Il faut un carburant qui ait plus de pêche.

Brown indique un container avec des symboles radioactifs pourpres sur le dessus qui indiquent qu'il s'agit de plutonium.

MARTY

Du plutonium ?

Plus tard il n'y a pas assez de plutonium pour ramener Marty vers le futur et Brown est désespéré lorsqu'il se rend compte de la quantité d'énergie qui serait nécessaire pour faire marcher la machine.

BROWN

1,21 gigawatts... mon Dieu. Comment puis-je générer une puissance pareille ?... La seule source d'énergie capable d'engendrer une puissance de 2,21 gigawatts c'est la foudre et rien d'autre... Malheureusement on ne peut jamais savoir où et quand elle va tomber.

Ceci nous conduit vers le deuxième type de procédé d'annonce, dans lequel un objet ou des renseignements sont préparés dans un contexte et ont leur chute dans un autre. Cette sorte de procédé est subtile et sa chute est surprenante et imprévue. On nous donne tout d'abord un renseignement apparemment sans importance, qui le devient plus tard quand nous saisissons son importance. Dans *Retour vers le futur,* remarquez la façon dont les renseignements sur la tour de l'horloge sont présentés.

Au début du film, lorsque Marty et Jennifer parlent de passer le week-end ensemble « un militant en faveur de la tour de l'horloge» leur donne un tract, et s'écrie « Sauvez la tour de l'horloge, sauvez la tour de l'horloge ». Le tract mentionne la date et l'heure où l'horloge a cessé de fonctionner lorsqu'elle a été frappée par un éclair il y a des années de cela. Jennifer prend le tract et au lieu de s'intéresser à ces renseignements, s'en sert pour écrire dessus son numéro de téléphone et un message pour Marty : « Je t'aime ! » Plus tard, dans le passé, lorsque Marty mentionne pourquoi il est particulièrement urgent qu'il retourne vers le futur, il mentionne ce message d'amour.

MARTY

Mais enfin, je ne peux pas rester ici, j'ai une vie à moi en 1985 ! Il faut que je rentre. J'ai une copine, regardez ce qu'elle m'a écrit.

Et il tire de sa poche le tract de la tour de l'horloge.

Et puis, alors que Marty retourne le tract il remarque qu'il y a un moyen de savoir quand les éclairs vont frapper. Il y a une façon de canaliser l'énergie qui va le renvoyer vers le futur. Le tract donne des renseignements spécifiques sur le lieu et le moment où les éclairs vont frapper.

Un objet peut servir d'annonce ou de chute, mais le dialogue peut également accomplir cette fonction qui a l'air sans importance dans un contexte particulier mais qui se révélera de la plus haute importance dans un autre.

Par exemple en 1985 le professeur Brown, mentionne la date historique du 5 novembre 1955 :

BROWN

C'est ce jour-là que j'ai inventé le voyage à travers le temps... Je m'en souviens comme si c'était hier, j'étais debout sur la cuvette des toilettes, j'accrochais une horloge, la faïence était mouillée, j'ai fait un vol plané et ma tête a heurté la chasse d'eau, en revenant à moi, j'ai eu une révélation, une vision, c'est ça qui permet de voyager à travers le temps : le convecteur temporel. Il m'a fallu trente ans et tout mon héritage pour transformer la vision que j'ai eue ce jour-là.

Plus tard lorsque Marty arrive à la porte du Dr. Brown en 1955, et lui parle de la machine à voyager dans le temps qu'il inventera en 1985, il remarque le pansement sur le front de Brown et convainc le Docteur qu'il dit la vérité lorsqu'il dit l'avoir rencontré en 1985.

MARTY

Docteur, la bosse que vous avez sur le crâne, je sais comment c'est arrivé, vous me l'avez raconté. Vous étiez debout sur vos toilettes en train d'accrocher une horloge, vous êtes tombé et votre tête a heurté la chasse d'eau et c'est en vous relevant qu'il vous est venu l'idée de construire le convecteur temporel qui rend le voyage dans le temps possible.

La plupart des renseignements sur la relation entre George et Lorraine sont présentés de la même façon, comme des détails secondaires dans le présent qui deviennent une force motivante pour Marty dans le passé. Au premier acte, Lorraine raconte sa première rencontre avec George, lorsque son père a heurté George avec sa voiture. Et elle raconte leur premier rendez-vous :

LORRAINE

Je ne l'oublierai jamais... C'était la nuit où ce terrible orage s'est abattu sur la ville... C'est sur la piste de danse que pour la première fois ton père a posé ses lèvres sur les miennes et j'ai compris à cet instant-là que j'allais passer le reste de ma vie avec lui.

Puisque c'est ce baiser qui déclenche la possibilité de mariage, il n'y aurait pas eu de mariage sans ce baiser - et Marty ne serait pas né. Cela devient essentiel pour Marty d'inciter ses parents à sortir ensemble pour sauver sa propre vie. Le professeur Brown se rend compte des effets que Marty pourrait avoir sur les événements futurs et insiste sur la gravité de cette situation.

BROWN

Tu ne dois absolument pas quitter cette maison. Il faut que tu ne voies personne et ne parles à personne, si tu le faisais cela pourrait avoir de sérieuses répercussions sur le futur, tu comprends ?... Marty, tu n'es rentré en contact avec personne aujourd'hui à part moi ?

MARTY

Oh, je... je suis juste tombé par hasard sur mes parents...

BROWN

Selon ma théorie, ton intervention a empêché tes parents de se rencontrer... Allez vas-y mon petit. Tu ne quittes pas ton père d'une semelle et tu fais en sorte qu'il l'invite pour le bal.

Parfois les procédés d'annonce et de chute sont utilisés d'un point de vue humoristique. Par exemple, en 1985 nous voyons la campagne de Goldie Wilson pour devenir maire. Nous voyons comment Marty a soufflé l'idée de cette carrière politique à Wilson en 1955.

WILSON

Moi, j'veux devenir quelqu'un.

MARTY

Ça c'est vrai, il va devenir Maire.

WILSON

Maire, ah bravo ! C'est une idée de génie ! Je vais me présenter à la mairie.

Joey, le frère de Lorraine, est annoncé à l'Acte Un et il est présenté avec humour à l'Acte Deux. Dans les scènes du présent, Lorraine a préparé un gâteau, dans l'espoir d'accueillir son frère à son retour de prison. Malheureusement, le pauvre Joey n'a pas obtenu à nouveau sa liberté sur parole. Nous apprenons pourquoi dans les scènes du passé.

LA MERE DE LORRAINE

Mais oui, Joey, il adore quand on le met dans son petit parc, il pique des colères dès qu'on veut le faire sortir, alors on le laisse dedans tout le temps... Ca a l'air de lui faire plaisir.

Même le renseignement, apparemment sans importance, selon lequel le jeune George aimait écrire des histoires de science-fiction, est réutilisé lorsque l'on voit dans la résolution que George vient de publier son premier livre.

Remarquez dans tous ces exemples que rien n'est oublié, rien n'est laissé de côté. Chaque élément qui est établi et annoncé fait l'objet d'une chute plus tard dans le scénario. Tout ce qui est nécessaire pour qu'une histoire marche à la fin a été inséré quelque part au début.

LES MOTIFS RECURRENTS

Alors que les procédés d'annonce et de chute sont liés au mode narratif, les motifs sont plutôt d'ordre thématique. Un **motif** est une image récurrente, un rythme ou un son qui est utilisé tout au long du film pour approfondir et donner une dimension à la ligne narrative et pour ajouter de la texture au thème. Les motifs doivent faire l'objet de temps forts au moins trois fois. C'est lorsqu'ils sont repris tout au long d'un film qu'ils fonctionnent le mieux. Ils aident le public à se concentrer sur certains éléments.

L'un des motifs les plus reconnaissables dans n'importe quel film, c'est en fait celui du son, comme dans *Les Dents de la mer.* A chaque fois que le requin s'approche nous entendons un son qui fait dum-dum-dum-dum. Ce son est établi immédiatement, dès les trois premières minutes du film et il est utilisé chaque fois que le requin s'approche excepté une fois, lorsque le requin attaque Quint, Matt et Martin pour la première fois. La tension s'accroît à chaque fois par un effet d'anticipation. Nous nous attendons à ce que le requin frappe de nouveau. La seule fois où le motif du son n'est pas utilisé on a encore plus peur car on ne s'y attendait pas.

Dans *SOS fantômes*, nous voyons le motif récurrent des lions qui deviendront plus tard les chiens de Zul. Cette image continue à surgir sous des aspects variés : comme les lions de la bibliothèque, le terrible chien dans le réfrigérateur de Dana et les chiens terrifiants que possèdent Dana et Louis. Ils changent et deviennent chaque fois plus sinistres. Ils finissent par s'échapper, libérant ainsi Dana et Louis et permettant aux habitants de New York de continuer à s'amuser.

Dans *Cocoon*, nous voyons un motif qui est encore moins relié à l'histoire mais qui néanmoins ajoute de la dimension et de la texture au film : le dauphin. Au début du film, des nuages se forment et quelque chose d'étrange se passe dans le ciel. Les dauphins y réagissent. Les dauphins sont présents lorsque les cocons centenaires sont retirés de l'eau et lorsqu'on les y remet à l'Acte Trois.

Ces animaux sont utilisés de façon métaphorique dans le film, car nous avons tendance à faire de nombreuses associations d'idées en pensant à ces animaux qui semblent être les créatures de la mer les plus humaines. Ils ont leur propre langage et ils sont réputés pour leur calme et leur gentillesse. Le fait d'entourer les Antériens de dauphins nous donne une association subliminale entre deux espèces différentes puisqu'ils ont des qualités similaires. Par conséquent nous voyons en eux des créatures différentes mais amicales, calmes et dignes de notre aide. Ce motif donne une dimension aux Antériens et leur donne des indices sur ce que nous allons penser de leur mission.

Witness acquiert sa cohésion grâce au motif récurrent du maïs. Les changements subis par John Book et la communauté sont exprimés par des changements dans l'utilisation des maïs. Ces images renforcent la simplicité et la gentillesse de la communauté ou augmentent l'intensité du pouvoir dramatique grâce à un effet de contraste.

Au début, on voit les Amish traverser les épis de maïs pour se rendre à un enterrement. Il s'agit d'une communauté de fermiers qui vit en harmonie avec la terre. Pendant la scène des funérailles, du pain est placé sur la table, ici les graines de maïs ont été transformées mais elles restent naturelles, saines et nourrissantes. Dans la ville, Rachel et John Book brisent du pain ensemble en mangeant un hot-dog dans un fast-food. Les graines de maïs ont été corrompues, préparées par des machines et elles ont perdu leur aspect naturel, de même Rachel et Samuel ont été corrompus par la ville. A l'Acte Deux, Rachel cache les balles dans la farine, ce qui montre que la violence et l'harmonie sont maintenant liées intégralement à la communauté à cause de la présence de John. A l'Acte Trois, les graines de maïs dans le silo deviennent une arme, c'est l'ultime symbole de l'intrusion de la violence dans cette communauté calme.

REPETITION ET CONTRASTE

Pour conserver l'attention du public sur une idée, on peut répéter des images ou du dialogue, des traits de caractère, des sons, ou même tous ces éléments à la fois.

Si vous écrivez une histoire sur un alcoolique, vous aurez à présenter ce renseignement sur votre personnage de diverses façons. On peut le voir en train de boire ou de cuver son vin, dans une maison remplie de bouteilles de vin vides, titubant, cherchant quelques sous pour acheter de la bière ou désespéré. En utilisant une variété d'images et de caractéristiques tout au long de votre scénario, vous conserverez l'attention du public.

Vous pouvez aussi utiliser les effets de contraste. C'est à nous de nous souvenir de quelque chose dans le passé qui produira un effet de contraste dans le futur. Parce que nous avons appris que les Amish sont pour la non-violence, la réaction de John Book, à la fin de l'Acte Trois, choque les touristes lorsqu'il donne un coup au punk d'une façon qui n'est absolument pas Amish.

Dans *Autant en emporte le vent*, la première et la seconde partie du film, établissent un contraste avec la sorte de vie qui s'est envolée avec le vent. On voit Four Oaks avant et après, Tara avant et après, Monsieur O'Hara avant et après ainsi que les changements en Scarlett avant et après la guerre.

Retour vers le futur utilise des contrastes pour créer un effet humoristique. Il part du style des films de Ronald Reagan des années 1950, puis montre les types différents de skateboards utilisés dans le présent et le passé, et les changements chez Biff, George et Lorraine.

Les contrastes permettent à l'auteur de jouer sur les contraires et d'aider le public à établir des relations en montrant les différences entre deux parties de l'histoire différentes. Un contraste, accentue très fortement certains éléments d'informations en nous les faisant beaucoup plus remarquer parce qu'on nous a présenté leur contraire.

Les contrastes peuvent vous servir à montrer les différences entre les personnages, les scènes, les lieux, les textures et les énergies. Vous pouvez présenter deux personnages extrêmement différents tels qu'Eddy Murphy et Nick Nolte dans *Quarante-huit heures,* ou en établissant un contraste entre Beth, l'épouse (une brunette) et Alex la maîtresse blonde dans *Liaison fatale.*

Les Dents de la mer, établissent un contraste entre la frivolité d'une soirée sur la plage et la mort d'une nageuse quelques moments plus tard. *Witness* établit un contraste entre les textures, les bruits et l'énergie frénétique de la ville et la vie plus lente des Amish à la campagne à l'Acte Deux. Et dans *The African Queen,* il y a un contraste entre deux personnages très dissemblables, Rose et Allnutt qui partagent le même but.

Les contrastes, les répétitions, les motifs, les annonces, les chutes sont tous des moyens de donner une unité à l'histoire, de resserrer la ligne thématique et de garder le public concentré là sur ce que vous voulez.

PROBLEMES POUR UNIFIER UN SCENARIO

Le processus de réécriture fonctionne souvent à contre-courant par rapport à l'idée de créer un script unifié. Beaucoup de discussions sur la réécriture concernent des sections du scénario et non le scénario en entier. Le réalisateur peut vouloir retravailler la scène du meurtre, sans se rendre compte que changer la chute va lui demander de trouver une approche totalement nouvelle pour le moment de l'annonce. Un jour je me suis trouvée en face d'un scénariste-réalisateur et de son producteur qui avaient décidé d'ajouter un meurtre à la première scène de leur scénario. Ils ne s'étaient pas rendu compte que cela allait changer toute la ligne narrative. Après avoir passé douze heures à essayer de faire fonctionner cette scène sans perdre les scènes excellentes qui suivaient, on a finalement décidé de ne pas la faire.

Les problèmes d'unification d'un scénario sont particulièrement importants dans les films policiers et les films d'espionnage. Certains chefs de développement refusent d'acheter de tels scénarios car ils croient que le public ne s'y intéresse guère. En fait, nous sommes nombreux à aimer un vrai puzzle psychologique, mais très souvent, il y a trop de pièces manquantes ou les renseignements ne sont pas présentés de façon satisfaisante. Pensez à *Gorky Park, The Little Drummer Girl* et *The*

Ostermann Weekend, chacun de ces films a eu des résultats très médiocres au box-office. Malgré des actions excitantes et des lignes narratives intrigantes tous ces films avaient des problèmes de clarté. Leur échec est dû à la mauvaise utilisation des procédés d'annonce et de chute.

Les drames, les comédies, les Westerns et les films de science-fiction ont aussi besoin de présenter les faits clairement. *La Mission* a été critiqué pour son absence de clarté dans son exposition et vis-à-vis du contexte géographique. Il était parfois difficile de gravir la montagne et parfois c'était relativement facile. Il n'y avait guère de sensation d'unité entre l'annonce des difficultés à l'Acte Un et la chute avec la scène de bataille à l'Acte Trois.

La même critique a été faite à *Full Metal Jacket* et *No Way Out* (*Sens unique*). Certains critiques ont pensé que *The Color of Money* consistait en deux films car les retournements de la fin n'avaient plus rien à voir avec le début du film. Et nous avons tous vu d'innombrables films policiers où l'on se perd parce que leur scénario manque d'unité.

L'un des moments les plus difficiles de la réécriture est ce travail d'unification. Comme ces exemples le montrent même de brillants cinéastes parfois n'arrivent pas à créer un scénario unifié. Cela demande une grande attention aux détails et à l'ensemble du scénario ainsi qu'un esprit d'analyse. On peut alors être extrêmement bien récompensé par un succès auprès des critiques et du public et même par un Oscar.

APPLICATION

Le processus de la réécriture est le meilleur moment pour commencer à construire et à tisser ces éléments dans un scénario. De nombreuses fois un scénariste ne sait pas qu'il a un motif annoncé qui n'a pas de chute ou bien un élément qui a une chute mais dont le procédé d'annonce aurait pu être mieux présenté, ce qui donnerait plus de vitalité et d'unité à l'histoire. Le fait de travailler avec ces éléments exige de vérifier clairement comment ils fonctionnent dans l'histoire.

Quand vous commencerez à réécrire, il sera utile tout d'abord de vous assurer que tous les procédés d'annonce font l'objet d'une chute et vice versa. Si vous avez déjà fait plusieurs réécritures vous vous apercevrez peut-être que certains de ces procédés ont disparu d'une version à l'autre. Ou vous découvrirez que là où vous croyez avoir une chute, en fait vous ne l'aviez jamais eue, si ce n'est dans votre esprit. Suivez avec attention chaque fil directeur sinon il y aura des éléments non aboutis dans votre scénario.

Cherchez les motifs qui peuvent être développés. Pour faire ceci, vous trouverez peut-être utile d'observer les objets que vous avez utilisés. Certains pourraient être développés pour créer un motif visuel récurrent. Il peut y avoir aussi un son faisant partie intégrante de votre histoire qui devrait devenir un motif. Dans un film policier, cela pourrait être le son de chaussures grinçantes qui pourrait servir de motif et de procédés d'annonce et de chute. Dans une histoire qui se passe dans l'espace, cela peut devenir un rythme récurrent comme le son utilisé pour communiquer avec les extraterrestres dans *Close Encounters of the Third Kind* (*Rencontres du troisième type*).

Puis demandez-vous :

Est-ce que chaque procédé d'annonce a sa chute et vice versa ?

Est-ce que j'ai trouvé des moyens originaux pour ces procédés ? Est-ce que je l'ai fait de façon subtile ou avec humour ?

Est-ce que j'ai créé ou suggéré des motifs que le réalisateur pourrait utiliser pour créer une unité visuelle ? Est-ce que j'ai pensé à mon scénario de façon visuelle, en répétant des images qui lui donneront une unité ?

Est-ce que j'ai établi des contrastes entre les scènes, les personnages, les actions, et même les images pour donner à mon scénario plus de texture dramatique et de vitalité ?

Est-ce que j'ai fait au moins une réécriture pendant laquelle j'ai essayé de considérer mon scénario dans sa totalité au lieu de me concentrer sur des moments particuliers ?

Une partie de la joie de la réécriture réside dans la possibilité de créer ces liens. On peut développer les thèmes et les images en leur faisant parcourir le scénario. Mais, afin de trouver des images potentielles qui peuvent donner une dimension à l'histoire et au thème, il devient nécessaire d'explorer les lignes thématiques d'un scénario et de vous demander : « Qu'est-ce que cela signifie vraiment ? Et comment vais-je pouvoir construire la signification dramatique de mon histoire grâce à des images ? » Dans la deuxième partie, nous verrons comment clarifier et exprimer le thème du film.

DEUXIEME PARTIE

LE DEVELOPPEMENT DE L'IDEE

CHAPITRE SEPT

RENDRE VOTRE PROJET COMMERCIAL

Quelles que soient vos qualités de scénariste, il y aura toujours une question que les producteurs et les chefs de développement vont se demander : « Est-ce que c'est commercial ? »

Tout le monde a des idées différentes sur ce qui est « commercial ». Beaucoup de producteurs pensent que tout est dans le « packaging », qu'il suffit d'obtenir les acteurs qu'il convient. Beaucoup de personnes l'énoncent ainsi : « si seulement nous pouvions avoir Meryl Streep, Tom Cruise, Robert Redford ou Barbra Streisand alors le scénario serait commercial ». Cependant chacun de ces acteurs a connu des échecs.

Certains pensent que c'est le sujet qui rend un scénario commercial. Ils cherchent à saisir les tendances actuelles et essayent de miser sur ce qui est en vogue. *Platoon* semblait impliquer que les films sur le Viêt-nam étaient en vogue, mais le *Hanoï Hilton* a prouvé que cette théorie n'était pas valable. Après *WarGames* les films sur les ordinateurs semblaient être une bonne idée, mais *D. A. R. Y. L.* a fait très peu de recettes. Après *La Guerre des étoiles,* les films sur l'espace semblaient être ce qu'il fallait faire mais *The Black Hole* et *Ice Pirates* ont montré que ce n'était pas le cas.

D'autres pensent qu'il faut adapter un best-seller passionnant. Cela semblerait être vrai mais *Raise the Titanic* fut partiellement responsable de la disparition de Marble Arch Productions. *Le Bûcher des Vanités* fut un désastre et des adaptations de livres excellents tels que *Coma* ou *The Little Drummer Girl* n'ont été que de maigres succès. Et que peut-on dire des suites ? *Rocky I, II, III et IV* semblent être fondés sur un succès déjà préexistant, mais que peut-on dire dans ce cas-là de *Jaws 3-D* ? De plus les suites peuvent être très difficiles à écrire. *Rambo* est sorti plusieurs années après *First Blood* et cela prit dix-sept réécritures avant d'avoir une ligne narrative qui fonctionne. Les suites ont rarement un succès aussi important que le film initial, généralement la suite n'a pas le charme, la clarté ou l'originalité du premier film. Pensez aux suites telles que *SOS fantômes II, Look Who's Talking II ? ou Jaws 3-D.* Pour chacune de ces belles théories sur le succès commercial, il semble y avoir des contre-exemples. Cependant certains éléments analysables semblent contribuer de façon décisive au succès d'un film et ils ne sont pas liés à l'amitié personnelle que le scénariste a entretenu avec Meryl Streep ou Robert Redford.

LES TROIS ELEMENTS NECESSAIRES POUR LE SUCCES

Le succès commercial n'est jamais dépendant d'un élément unique. On peut considérer que les éléments à tenir en compte sont : (1) la possibilité de commercialisation, (2) la créativité et (3) la structure du scénario. Si un seul de ces éléments manque, il y a de grandes chances pour que ce scénario ne se vende pas et que même s'il se vend, il n'ait pas de succès.

On a analysé la structure de l'histoire dans les six premiers chapitres. Si une histoire a des longueurs, si elle est incompréhensible, elle aura beaucoup de mal dans n'importe quel type de marché. Vous avez certainement vu des films qui ont été vendus et produits sans avoir une structure solide. Certains d'entre eux ont même eu un peu de succès mais ce ne sont que de rares exceptions. La plupart des grands succès tels que *La Guerre des étoiles, Retour vers le futur, Les Dents de la mer, Les Aventuriers de l'arche perdue, E. T.* et *SOS fantômes* sont bien structurés. La qualité de la structure est l'un des éléments essentiels au succès d'un film, indépendamment de tous les ingrédients commerciaux « nécessaires ».

Avoir une bonne structure ne suffit pas. Il faut également que le scénariste soit créatif. Lorsque les producteurs parlent de créativité, ils se demandent en général si le sujet est nouveau, original, différent et unique. Ils s'intéressent aussi à son côté accrocheur et irrésistible. Il faut que le public puisse être séduit dès l'amorce du film. Un grand nombre des films commerciaux les plus réussis sont fondés sur une idée initiale qui a été bien exprimée. Il n'y a pas eu d'idées similaires à celles de *SOS fantômes, War Games, Y a-t-il quelqu'un pour tuer ma femme ? et E. T.* avant ces films et personne n'est parvenu à les copier avec succès. Donc si l'on ne traite pas d'un sujet vraiment spécial, mis en valeur par une bonne écriture, ce sera difficile de faire qu'un bon scénario devienne formidable ! Mais la créativité en elle-même ne suffira pas à assurer que le film se vende.

Il faut qu'il y ait des éléments qui puissent aider à promouvoir le scénario et qui captivent les spectateurs.

La faisabilité d'un projet doit être pensée en fonction de ce qui décide les gens à investir dans un film et ce qui fait que ce film semble avoir de sérieuses chances de succès. Il est certain que le fait de donner un rôle à Robert Redford et à Meryl Streep dans *Out of Africa* était un excellent choix. Bien que Sydney Pollack ait désiré adapter ce livre pendant des années, c'est le choix particulier de ces acteurs qui a rendu ce projet possible. La possibilité de commercialisation peut aussi signifier de faire des choix de « packaging » différents. Un scénario réalisé par Peter Weir, Barry Levinson ou Oliver Stone a de bien meilleures chances d'être produit qu'un scénario dirigé par un inconnu qui réalise un film pour la première fois. Un film produit par Ed Feldman, Saul Zaentz ou Richard Zanuck a déjà un élément important en sa faveur. Mais les possibilités de commercialisation et de vente ne sont pas limitées aux caprices d'un chef de développement particulier. Il y a certains éléments commerciaux qui peuvent être définis et expliqués parce que ce sont des concepts sous-jacents qui font que les gens ont envie de voir un film. Vous pouvez vous concentrer sur ces éléments pour rendre votre scénario plus commercial.

Généralement, les gens vont voir des films sur des sujets qui les concernent. Ils s'identifient avec les personnages et avec l'histoire. Ils ressentent une « connexion » avec l'histoire, ce qui est la clé du succès de toute commercialisation. Si vous parvenez à comprendre les moyens spécifiques pour que les gens puissent ressentir une connexion avec un film, vous arriverez mieux à faire ressortir les éléments commerciaux de votre scénario.

FAIRE EN SORTE QUE LE PUBLIC SE SENTE CONCERNE

L'attrait universel d'une idée

La plupart des films qui ont un succès dramatique expriment des idées sous-jacentes qui ont un attrait universel pour les spectateurs. Il y a quelque chose de subliminal dans cette histoire qui capture l'attention des spectateurs et qui leur parle. Les spectateurs s'identifient avec les personnages et les situations généralement parce que le thème traite de la condition humaine grâce à une présentation d'événements et des phénomènes de causes et d'effets. Le scénariste traite de situations que nous pouvons avoir vécues.

Par exemple, si on a une vie sexuelle téméraire, on risque de mettre sa famille en danger (*Liaison fatale*). Un film peut parler de la violence et de ses effets sur la vie de ceux qui la pratiquent (*Impitoyable*), ou bien faire passer un message implicite qu'il communique de façon narrative au lieu d'écrire un essai. *La Liste de Schindler* présente l'idée qu'un sens de la décence dans une occasion particulière peut conduire au « Bien Absolu ».

Souvent, les scénaristes expriment leur idée de façon très simple. L'une des idées qui prévaut dans de nombreux films qui ont eu du succès est l'idée que « les laissés-pour-compte vont triompher » comme dans : *Rocky, The Karate Kid (Le Moment de vérité), SOS fantômes* et *Les Saisons du coeur*. Cette idée fonctionne très bien car chacun d'entre nous veut vaincre des circonstances défavorables. En observant le succès des laissés-pour-compte à l'écran nous sommes capables de triompher par procuration.

La « vengeance » est aussi un thème qui a une signification universelle. Avez-vous déjà eu envie de vous venger de quelqu'un ? *Dirty Harry* ou Charles Bronson le feront pour vous. Avez-vous déjà éprouvé de la colère quand vous vous êtes trouvé en compétition avec quelqu'un dans le domaine sentimental ? Médée accomplira sa vengeance et nous nous identifierons à elle parce que nous avons tous été trahis. Est-ce que vous vous êtes senti trahi par l'attitude ambivalente des Etats-Unis envers la guerre du Viêt-nam? *Rambo* proposera une solution très simple en nous débarrassant de tous les méchants qui nous ont volé la victoire.

Un autre thème fréquent qui nous aide à nous identifier avec l'histoire est celui du « triomphe de l'esprit humain. » Ce thème a été utilisé avec beaucoup de succès dans des films comme *Les Saisons du coeur* et *La Couleur pourpre*, et dans des téléfilms qui ont gagné des Emmy Awards comme *Do You Remember Love* ? ou *Love is Never Silent*.

Pourquoi est-ce que nous regardons tous ces films sur des gens riches qui arnaquent d'autres gens riches pour devenir plus riches ? Parce que l'avidité est un sentiment compréhensible que nous avons tous déjà ressenti. Il en est de même pour l'envie, la jalousie et le désir de réussir pleinement, ce qui est mieux accepté socialement.

Certains thèmes semblent particulièrement correspondre à certaines tranches d'âge. Si vous savez à laquelle votre film s'adresse vous pouvez miser sur des thèmes universels qui plairont à cette catégorie de public. Environ 60% des gens qui vont au cinéma ont entre 13 et 30 ans, c'est pourquoi il y a beaucoup d'histoires sur le « passage à l'âge adulte » et la « quête d'identité » tels que *Risky Business, Porkies, The Breakfast Club* (*Breakfast Club*) et *Stand By Me* qui sont des films qui ont eu un grand succès. Même un film comme *The Big Chill* (*Les Copains d'abord*) qui ne paraissait pas être un film très commercial a plu à de nombreuses personnes car il était proche de ce qu'elles vivaient et ressentaient à ce moment-là.

Certaines expériences sont moins accessibles mais elles peuvent tout de même avoir un écho parmi les membres du public. On trouve ainsi le thème de l'intégrité dans *A Man for All Seasons*, celui de « la résolution et de l'achèvement » dans *The Trip to the Bountiful* ou *On Golden Pond (La Maison du lac)* et le thème de « la Rédemption » dans *Absence of Malice* (*Absence de malice*) où quelqu'un se sauve et dans *The Verdict* (*Le Verdict*) où le protagoniste rétablit sa réputation.

Vous verrez que tous ces thèmes ont quelque chose à voir avec des états émotionnels et psychologiques ou des processus de vie tels que « le fait de devenir adulte » ou « le fait de trouver son identité ». Les bons scénaristes savent beaucoup de choses sur la psychologie humaine. Ils observent. Ils lisent. Ils interprètent. Ils étudient l'animal humain de façon à découvrir ce qu'il fait et pourquoi il le fait. Plus ils sont capables d'être descriptifs et de créer des portraits exacts, plus nous serons susceptibles de nous intéresser à leurs personnages.

Découvrir les aspects commerciaux en s'intéressant aux tendances générales

La plupart des films ont du succès parce qu'ils traitent d'un thème universel et qu'ils sortent au bon moment. *The China Syndrome (Le Syndrome chinois*) est sorti la semaine même ou a eu lieu le désastre de l'île de Three Mile. L'accident nucléaire a contribué au succès du film. *Les Copains d'abord* est sorti juste au moment où ceux qui avaient vécu les années soixante étaient suffisamment âgés pour éprouver de la nostalgie pour cette période. *WarGames* est sorti à une époque où il y avait de nombreux cas d'enfants qui avaient réussi à pirater des programmes. Et un grand nombre de films de Sylvester Stallone font écho au climat politique plus conservateur des années 1980.

Puisqu'il faut plusieurs années pour trouver le budget d'un film, le tourner et le sortir, cela semble tenir du miracle qu'un film puisse capturer une tendance sociale. Pour comprendre comment ceci peut se produire pensez au travail de l'artiste. Les artistes ont toujours eu tendance à être en avance sur leur temps. Ils comprennent les courants et les tendances dès leur phase initiale et ils trouvent une voix et un moyen d'exprimer les mouvements qui sont peut-être encore enfermés dans le subconscient du reste de la population.

Au début des années 1980 on a commencé à insister sur la famille nucléaire en politique et dans les sitcoms tels que : « The Cosby Show », « Family Ties », « The Jeffersons », « Growing Pains » et plus tard « Roseanne » et « Married... With Children » qui sont des variations sur cette idée. Depuis la moitié des années 1980, de plus en plus d'enfants du Baby Boom ont eu eux-mêmes des enfants alors qu'ils ont également obtenu des postes importants dans l'industrie cinématographique. Nous avons vu plus de films sur des enfants tels que *Baby Boom*, *Look Who's Talking*, *For Keeps* (*Et si on le gardait ? Maybe baby)*, *Three Men and a Baby* (*Trois hommes et un couffin*), *Raising Arizona* (*Arizona junior)*, *She's Having Baby* (*La Vie en plus*), *Kindergarten Cop* (*Un Flic à la maternelle*), et plus récemment *Madame Doubtfire*. En 1990, de nouveaux thèmes tel que l'écologie ont émergé en politique et dans les spectacles. On envisageait de faire un film sur Chico Mendes. *Impitoyable* est un message sur la non-violence, *Reality Bites* traite des difficultés des jeunes d'une vingtaine d'années, *Grand Canyon* parle des difficultés des gens d'une quarantaine d'années qui vivent dans une grande ville, et *Heaven and Earth* traite du désir de guérir de vieilles blessures qui ont fait partie de la vie des gens du Baby Boom et de la conscience nationale.

La plupart des films qui ont du succès, ce qui dépend des tendances et de l'actualité du sujet, jouent sur l'attrait commercial en insistant aussi sur le côté personnel de leur histoire.

DONNER AU SCENARIO UNE DIMENSION PERSONNELLE

Ceci consiste en deux aspects : le descriptif et le prescriptif. L'aspect descriptif nous dit « comment sont les choses » et l'aspect prescriptif décrit « comment nous aimerions qu'elles soient. » Un film peut jouer sur l'un de ces éléments ou sur les deux pour obtenir un succès.

Une écriture descriptive exacte et réaliste montre comment une certaine catégorie de personnage va agir et réagir à l'intérieur d'une situation particulière. Nous avons tous vu des films ou la réaction à l'air tellement « vraie ». C'est le cas de *Porky's*, pendant lequel le public se dit « c'est tout à fait la façon dont ils se comporteraient » ou dans *Stand by Me*, où il y a une description juste d'un groupe de jeunes de douze ans, de leurs incertitudes et de leurs peurs.

Dans de nombreux téléfilms, le succès dépend d'une description exacte des personnages et de leurs émotions. Lorsque l'on regarde des téléfilms comme *The Burning Bed*, *Do You Remember Love ?*, *Heartsounds*, *M.A.D.D.* ou *Adam*, nous nous apercevons à quel point tout sonne juste. Ces films décrivent les gens de façon juste et ils ont obtenu du succès parce qu'ils proposent un écho aux expériences des spectateurs.

Les films prescriptifs nous montrent un monde idéal. La plupart de ces films sont des films sur des « héros ». Le héros ressent rarement la peur, l'incertitude ou le manque de confiance en lui, ce que nous ressentirions vraisemblablement tous dans de telles situations. Au lieu de cela le héros se conduit comme nous aimerions le faire. Par conséquent, nous vivons par procuration grâce au héros, tout en sachant qu'il ne s'agit que d'une fiction.

Des éléments descriptifs et prescriptifs peuvent être définis de trois façons différentes : d'un point de vue physique, psychologique et émotionnel. En travaillant avec des personnages spécifiques, il est possible d'approfondir la dimension descriptive en rendant plus physique votre personnage et en vous demandant à quoi il ressemblerait vraiment dans telle ou telle situation. S'il s'agit d'un garçon de 15 ans amoureux pour la première fois, il se peut qu'il rougisse, qu'il soit maladroit, qu'il porte des lunettes et qu'il essaie de se coiffer à la mode, alors que cela ne lui va pas du tout. Psychologiquement, il manque de confiance, ou bien il essaie d'imiter les héros de football parce qu'il n'est pas sûr de ses propres qualités. D'un point de vue émotionnel, il est en colère, irritable, il veut qu'on le laisse seul ou encore il rit trop.

Si vous faites un film prescriptif, votre personnage peut être le chef de la classe ou un héros de football. Physiquement il sera probablement solide, grand, séduisant, avec toujours beaucoup d'allure, quel que soit ce qu'il porte. Psychologiquement, il sera probablement très sûr de lui, il n'aura pas le moindre souci et croira qu'il peut accomplir tout ce qu'il décide de faire. D'un point de vue émotionnel, il sera probablement solide comme un roc, insensible à la souffrance et à la peur, et il ne se laissera déconcerter par rien.

De nombreux films permettent aux spectateurs de se sentir concernés à ces deux niveaux, en créant soit des personnages descriptifs, soit des personnages prescriptifs, ou bien en créant un arc transformationnel pour le personnage principal qui évolue du descriptif au prescriptif, d'un niveau incertain à un niveau héroïque (*Rocky, Le Moment de vérité*). C'est une autre raison pour laquelle le thème du « triomphe des laissés-pour-compte » est si populaire. Ces films ont un thème compréhensible et universel, et ils nous permettent aussi de nous intéresser à la transformation du personnage.

Intéresser grâce aux enjeux

On entend fréquemment un producteur ou un chef de développement demander au scénariste quels sont les enjeux de son histoire. Si le risque encouru par le protagoniste n'est pas clair, les spectateurs seront incapables d'établir un lien avec leur propre expérience.

Les enjeux correspondent à ce qu'il est nécessaire de faire pour survivre dans notre monde. Nous avons certainement besoin d'avoir suffisamment à manger et à boire, d'avoir un toit au-dessus de la tête et d'être en sécurité. De nombreux films mettent ces besoins élémentaires en péril afin d'augmenter le niveau d'identification et d'inquiétude du spectateur, mais il reste beaucoup d'autres enjeux, et les spectateurs peuvent se sentir concernés à de nombreux niveaux.

Le psychologue réputé Abraham Maslowe a conçu une hiérarchie en sept parties des besoins humains qui expliquent et clarifient ce qui nous motive, ce que nous voulons, et ce qui est en jeu si nous ne l'obtenons pas. De nombreux films qui ont eu du succès se sont adressés directement à ces besoins. N'importe lequel de ces sept enjeux psychologiques peut courir un risque à différents moments du film et la plupart des bons films auront recours à plus d'un de ces enjeux.

1. **Survivre.** La plupart des bons films traitent de la façon de survivre. Il s'agit d'un instinct élémentaire et commun à tous les animaux. Nous voulons survivre et nous ferons tout ce que nous pourrons pour le faire. Beaucoup de films d'action-et-d'aventure ont du succès parce que nous nous identifions tous aux questions de vie et de mort qu'ils représentent. *Deliverance (Délivrance)* a un pouvoir considérable à cause de ce type d'enjeux. James Bond est constamment dans ce type de situations. Beaucoup de films sur des détournements d'avion et des femmes qui courent un danger ont du succès car nous nous identifions à ces situations. Un grand nombre de drames traitent de l'instinct de survie car c'est la pulsion la plus élémentaire et nous pouvons tous la comprendre. Ces films fonctionnent bien car ils sont essentiellement d'ordre dramatique or le conflit est toujours clair. Ces films sont dynamiques, ils ont beaucoup d'action et il est facile de s'identifier à la situation.

2. **La sécurité.** Dès qu'on s'est assuré que l'instinct fondamental de la survie est garanti, les gens ont besoin de sentir qu'ils sont dans un endroit rassurant. Ils le nommeront leur foyer ou leur havre de paix. Nous fermons notre porte la nuit. Les forts sont construits pour protéger. Les armées sont censées monter la garde afin que nous nous sentions en sécurité. De nombreux films comme *Les Saisons du coeur*, *Country et Voyage of the Damned* ont traité de la recherche de la sécurité. On pourrait dire la même chose du film et de la série qui a duré pendant très longtemps : *Le Fugitif*, ainsi que d'innombrables westerns dans lesquels les pionniers cherchent un havre de paix.

3. **L'amour et les biens**. Une fois que les gens ont un foyer, il est naturel de désirer avoir une famille. Il peut s'agir d'une aspiration à créer une famille nucléaire ou une communauté. Les gens ont besoin d'établir des liens les uns avec les autres et ce besoin est traité dans de nombreux films de façons différentes. Dans *Les Saisons du coeur*, Edna veut préserver sa famille, mais sa famille comporte plus que ses enfants. Elle inclut Moses, l'homme noir ; Will, l'aveugle et la ville dans laquelle elle a vécu pendant de si nombreuses années. Dans *Retour vers le futur*, avec l'épreuve qui met en jeu la survie de Marty, sa famille est aussi en danger. De nombreux films tels que *Porky's*, les films de *Police Academy*, *My Fair Lady* et même *Witness* traitent de l'idée d'être accepté par un groupe. Certains films parlent de la recherche du partenaire idéal, ou de la nécessité d'appartenir à quelqu'un. D'autres parleront de créer une famille et de la nécessité d'avoir de la chaleur et de l'amour. C'est le cas de nombreux sitcoms qui ont eu du succès tels que « Family Ties »,

« The Cosby Show », « Little House on the Prairie » et même « All in the Family. »

4. **L'estime et l'amour-propre.** Alors que le besoin d'amour et d'appartenance est souvent une question d'acceptation inconditionnelle, l'amour-propre et l'estime de soi doivent être conquis. Les gens veulent qu'on les regarde avec respect et qu'on les reconnaisse pour leurs talents et ce qu'ils ont accompli. Souvent, cela signifie que le groupe vous accepte grâce à ce que vous avez fait. Ceci peut correspondre au respect que Luke Skywalker obtient à la fin de *La Guerre des étoiles*, ou aux récompenses variées que reçoit James Bond après avoir réussi à accomplir sa mission ou à la confiance que Celie obtient à la fin de *La Couleur pourpre*. De nombreux films traitent de la notion d'intégrité, comme *Gandhi* ou *Martin Luther King, Jr.*, c'est le cas également dans des téléfilms comme « Afterschool Specials ». Ces histoires parlent de gagner un prix, de réussir à réaliser un projet scientifique ou d'être accepté dans une équipe. Les Films-de-la-Semaine, tels que *The $5.20-an-Hour-Dream*, traitent également du besoin de surpasser la discrimination, du désir d'accomplir quelque chose et de celui d'être reconnu.

5. **La nécessité de savoir et de comprendre.** L'homme est un animal curieux. Nous avons un désir naturel de savoir comment les choses fonctionnent et comment elles s'assemblent. Nous aimons comprendre et acquérir une connaissance qui nous permettra d'accomplir des choses extraordinaires. Pensez aux nombreux films sur le voyage dans le temps tels que *Retour vers le futur*, *Time After Time* ou *The Time Machine* qui montrent quelqu'un qui s'efforce de découvrir comment voyager à travers le temps. De nombreux films sur des scientifiques (qu'ils soient fous ou non) traitent de ce besoin comme *Frankenstein* et *Madame Curie*. Les films policiers nous passionnent car ils servent d'échos à notre propre besoin de trouver des réponses. *Chinatown*, *The Maltese Falcon* (*Le Faucon Maltais*) et *North by Northwest* (*La Mort aux trousses*) nous impliquent tous dans ce type de quête.

6. **L'esthétique.** Les gens qui sont sûrs d'eux, confiants et qui connaissent l'amour ont besoin d'équilibre, d'un sens de l'ordre dans leur vie et de ressentir un lien avec quelque chose qui les dépasse. Cela correspond à un besoin spirituel ou esthétique qui conduit parfois les gens à une expérience religieuse *(Song of Bernardette*, *Joan of Arc*) ou bien à une expérience avec la nature (*Never Cry Wolf*) ou même à la combinaison

d'une expérience religieuse et artistique, comme dans *Amadeus* qui a d'ailleurs reçu un Oscar. Ce besoin particulier est parfois difficile à faire comprendre car c'est le plus abstrait et peut-être le moins universel. Cependant, il s'agit d'un besoin reconnaissable et les films qui peuvent le rendre tangible ont souvent du succès.

7. **La réalisation de soi.** Nous avons tous besoin de nous exprimer pour communiquer qui nous sommes et pour faire en sorte que nos talents s'épanouissent. Les scénaristes peuvent certainement comprendre cela, et il y a de nombreux films sur des artistes, des compositeurs et des athlètes qui ont du mal à joindre les deux bouts. Ces films ont du succès car nous avons envie que ces gens réussissent. La réalisation de soi va encore plus loin, il s'agit de l'expression de soi que l'on soit reconnu ou non. C'est une chose de peindre dans l'espoir de devenir célèbre ou d'obtenir un prix ; c'est très différent de peindre parce que l'on *doit* le faire quel que soit ce que les gens en pensent. Le besoin de réalisation de soi s'applique aux artistes et aux athlètes mais cela avoisine également les besoins liés à la personnalité. Un comique se doit d'être drôle, un médecin doit soigner ses patients et un aviateur doit voler. Ces individus prennent vie lorsqu'ils font ce qu'ils doivent faire et lorsque nous voyons cette pulsion dans les films, cela plaît toujours. Pensez au grand nombre de films qui expriment ce type de pulsion. On trouve l'envie de danser dans *The Turning Point* (*Cran d'arrêt*), le désir de Kimberly d'utiliser son talent de reporter dans *Le Syndrome chinois* et la nécessité de courir dans *The Chariots of Fire* (*Les Chariots de feu*).

Augmenter les enjeux. Pour augmenter les enjeux dans n'importe quel film, vous pouvez travailler avec ces différents besoins de façon variée. Vous pouvez augmenter les enjeux en en incluant plus d'un dans votre film. Remarquez comment *Les Saisons du coeur* traitent des besoins de sécurité, de survie, d'amour, d'appartenance, d'estime et d'amour-propre. *The African Queen* comporte un enjeu de survie mais aussi de sécurité, d'amour, d'appartenance et de réalisation de soi. Plus vous pouvez présentez d'enjeux dans votre film, plus vous aurez de possibilités d'accrocher les spectateurs et de leur donner quelque chose d'universel qui les intéressera.

Vous pouvez aussi augmenter les enjeux tout au long de l'histoire en faisant en sorte que le but reste hors de portée et que l'on se dise que le protagoniste n'arrivera pas à atteindre son but. Un but réel, qui fonctionne bien, n'est jamais facile à obtenir. Si nous partageons les désirs du protagoniste et que nous craignons qu'il ne parvienne pas à ses fins, nous vivons son voyage par procuration, ce qui crée aussi des liens émotionnels.

Plus nous nous sentons proches des désirs du personnage de réaliser ses buts, plus nous pouvons ressentir quelque chose pour ce personnage. Ce qui signifie augmenter les enjeux en jouant sur les émotions qui sont liées à n'importe quel voyage pour atteindre ses buts. Il y a de nombreuses émotions qui entrent en jeu dans cette quête : la colère, la peur, la joie, l'incertitude, le désespoir et l'espoir. Plus vous donnez d'émotions différentes à vos personnages lors de leur quête, plus ils seront compréhensibles. De nombreux films se contentent de montrer l'action pour réaliser leur but. En conséquence, les spectateurs se sentiront éloignés de ces personnages, et il sera difficile pour eux de s'identifier à ces enjeux. En jouant à la fois sur les émotions et sur l'action, les enjeux semblent être plus grands parce que nous sommes plus facilement capables de nous identifier à eux.

Au fur et à mesure que vous montez dans l'échelle des besoins, le style de film que vous allez faire va changer. Les besoins de survie exigent en général qu'un film soit orienté vers l'action. Ces besoins sont fondamentaux dans les films d'action-et-d'aventure, dans les films catastrophes, les films d'horreur et la plupart des westerns. Les désirs d'appartenance et de se réaliser contiennent en général plus d'éléments émotionnels. Ils ont tendance à être plus relationnels, moins provocateurs et ils contiennent souvent de l'humour et de la chaleur.

Les besoins d'ordre esthétique et de connaissance seront en général plus fondés sur le côté philosophique du personnage. Il sera plus thématique, peut-être qu'il sera plus « bavard » et vraisemblablement plus abstrait. Les personnages dans ces films pensent, réfléchissent et cherchent à comprendre, ce qui peut parfois créer un film bavard et ennuyeux, alors que l'histoire aurait pu être fascinante et intelligente.

COMMENT COMMUNIQUER LE THEME

Une fois que vous savez ce que vous voulez dire, vous avez aussi besoin de savoir comment le dire. Le thème est ce qu'il y a de moins intéressant lorsqu'il est raconté au lieu d'être exprimé par des moyens dramatiques. Bien que des répliques puissent exprimer le thème ici et là, il sera beaucoup mieux exprimé si vous vous concentrez sur des choix plus cinématographiques. Il y a quelques exceptions. *Chambre avec vue* parvient à exprimer le thème de l'identité par le dialogue sans pour autant devenir bavard.

Les auteurs communiqueront le thème de leur film grâce à certains choix. Il se servent d'événements qui suggèrent pourquoi certaines choses se passent. Décider qu'un personnage se fait voler ou attaquer parce qu'il se trouve au mauvais endroit au mauvais moment communiquera l'idée que la vie est le fruit de hasards et est dépourvue de sens. Montrer des personnages qui réagissent avec compassion donnera l'idée que le monde est un lieu charmant et bienveillant. Montrer des personnages dont les vies se croisent et s'entrecroisent continuellement donnera un point de vue sur le destin.

Les décisions de vos personnages peuvent également contribuer à communiquer le thème. Si votre héros choisit de combattre « le méchant », on pourra penser à une idée de courage, d'intégrité ou de justice. Le personnage qui prend la décision de changer pendant l'histoire développe les thèmes de la transformation et de la croissance. Les thèmes de la corruption, de la concupiscence, de la lâcheté et de la désillusion peuvent facilement être exprimés dramatiquement par les actions des personnages.

L'une des méthodes les plus importantes pour communiquer le thème consiste à se concentrer sur les images choisies par l'auteur et plus tard par le réalisateur. Puisque le cinéma est un médium visuel, les images que vous créez peuvent donner de nombreux niveaux de signification à votre histoire. Vous pouvez utiliser des images de lumière et d'obscurité pour évoquer le bien et le mal, ou des espaces petits opposés à des espaces grands pour suggérer l'oppression et la liberté.

Dans *Délivrance,* il y a un contraste entre les images de lieux civilisés et de territoires construits et celles d'un monde primitif ce qui évoque la nature brute que ces hommes rencontrent dans un univers sauvage. *Taxi Driver* utilise des images d'une ville sombre et sinistre ce qui reflète la vision de la vie du personnage interprété par De Niro. *Body Heat* utilise des images de chaleur et de feu pour communiquer l'idée de passions qui ont perdu tout contrôle. *Liaison fatale* place Alex dans un loft au milieu du quartier infernal de la viande à New York. L'appartement est un labyrinthe de pièces et de colonnes ce qui donne une image des qualités indirectes et sombres qui forment le caractère d'Alex. Dans *Le Fugitif*, les images de la ville ressemblent à un immense quadrillage ce qui suggère qu'il est facile de s'y cacher et s'y perdre.

Bien que le travail du réalisateur soit de créer une visualisation de ces images, c'est le travail de l'auteur de créer un scénario cinématographique qui puisse être traduit par des éléments visuels.

COMMENT RENDRE VOTRE SCENARIO « COMMERCIAL »

Dans *Adventures in the Screen Trade*, William Goldman fait la déclaration suivante « Personne ne sait rien ». Et c'est exactement ce que ressentent beaucoup de producteurs et de chefs de développement dans ce métier quand ils essaient de trouver ce qu'il faut faire pour rendre un scénario commercial. Tout cela semble être subjectif. Parfois, tout ce qu'ils peuvent dire c'est qu'ils savent le reconnaître quand ils le voient.

C'est vrai que cette qualité commerciale est plus facile à comprendre une fois que le film a été un succès. Je ne veux pas dire qu'un film sera commercial simplement grâce à une étude de marché et à un décryptage psychologique de ce que peut bien vouloir le public. Les départements d'étude des studios ont prouvé que ce n'est pas le cas puisque souvent leurs recherches avaient « prouvé » que personne n'irait voir *La Guerre des étoiles* et que *E.T.* avait peu d'attrait ou que *Crocodile Dundee* n'avait aucune chance d'avoir du succès auprès d'un public américain.

Malheureusement, puisque personne n'est sûr de ce qui fait que quelque chose est commercial, souvent, les gens ne sont pas du tout disposés à penser à cet aspect. Parfois, cela conduit les scénaristes à dire « qu'ils cherchent juste à s'exprimer » et par conséquent, ils ne tiennent absolument pas compte de la nécessité de communiquer leur idée au public. Parfois, cela atteint des situations où le chef du développement laisse au réalisateur, à l'auteur et aux acteurs la responsabilité de rendre le scénario commercial, en espérant que, d'une certaine façon, ils seront suffisamment habiles pour réussir à faire un projet commercial. Et, une fois que tout le monde est impliqué dans le projet, on pourra passer au-delà de ses propres sentiments et de ses propres intuitions et percevoir alors comment le public réagira.

Finalement, la qualité commerciale d'un film a beaucoup à voir avec la façon dont on s'implique dans un projet. Si vous croyez passionnément à une histoire, si vous avez un lien personnel profond avec le sujet, les personnages et leur voyage, alors, vous aurez un point de départ pour trouver ce qui rendra cette histoire « commerciale ». En fin de compte, les chefs de développement qui disent que « tout ceci est subjectif » ont certainement raison. Tout commence avec nos liens personnels avec l'histoire, la façon dont nous communiquons les sentiments et l'excitation qui nous font vouloir partager une histoire particulière.

APPLICATION

Trouver les liens avec le public est souvent difficile. Ces aspects commerciaux ne sont pas toujours clairs. Souvent le thème n'est pas clair et n'est pas développé suffisamment. Parfois, il y a plusieurs thèmes qui entrent en conflit les uns avec les autres et le travail de réécriture consiste à choisir ce que vous voulez vraiment dire.

On peut explorer ces éléments grâce à la technique du **conglomérat (the cluster)**. Pensez à l'idée principale de votre scénario : « Un jeune garçon retourne dans le passé grâce à une machine à remonter le temps » ou « Un extraterrestre atterrit sur la terre » ou « des hommes partent à la chasse d'un requin mangeur d'hommes ». Placez cette idée au milieu d'un cercle et commencez à penser à toutes les associations que vous pouvez faire autour de cette idée. Pensez à tous les aspects personnels, (descriptifs et prescriptifs). Est-ce que votre thème a des liens avec des tendances sociales? Votre sujet est-il universel ? Est-ce qu'il vous rappelle d'autres histoires ?

Si vous voulez construire un conglomérat autour de l'idée à l'origine des *Dents de la mer* vous aurez quelque chose qui pourra ressembler au schéma suivant :

Les hommes à la poursuite du requin mangeur d'hommes.

Notre attitude envers d'autres animaux / écologie

Créer des comportements contrastés à l'égard des requins

Les besoins d'appartenance

Développer plus l'idée de communauté ?

3 chasseurs au lieu de 2

St. George et le Dragon /

Le vieil homme et la mer

Faire ressortir le contraste entre les besoins matérialistes de la station et les valeurs humaines.

Choisir le week-end de la Fête Nationale.

Menaces contre la vie de nos héros et celle des enfants.
Mettre la vie du fils ou de la femme de Martin en danger.

Lorsque vous commencez à accumuler des idées autour de votre idée qui doit tenir en une ligne, d'autres vont surgir, certaines vous paraîtront plus intéressantes que d'autres. Vous commencerez à voir la relation entre les différentes idées et vous saurez exprimer de façon de plus en plus claire ce que vous voulez vraiment dire dans votre scénario.

Accumuler des éléments vous fera progressivement percevoir certaines façons d'exprimer cette idée. Si vous voulez insister sur le besoin d'appartenance et le thème de la communauté vous chercherez des façons de construire des relations entre les personnages. Peut-être qu'à l'origine vous aviez simplement l'intention, par exemple, d'avoir deux hommes dans un bateau qui vont chasser le requin. Vous allez explorer votre idée, puis décider d'en ajouter un troisième et de construire leur relation en ajoutant d'autres scènes qui se passent sur le bateau.

Lorsque vous commencez à voir votre thème plus clairement demandez-vous :

> Puis-je dire mon thème en une ligne ? Est-ce que mon histoire sert ce thème, et est-ce que mon thème sert l'histoire ?
>
> Est-ce que mon thème est exprimé par les personnages et l'action plutôt que par le dialogue ? Est-ce que mes images aident à développer le thème ? Est-ce que j'ai évité qu'un de mes personnages « donne un message » au public ?
>
> Est-ce que j'ai réussi à abandonner un thème plus petit qui créait un conflit avec le thème principal de l'histoire ?
>
> Est-ce que j'ai pensé à mes liens personnels avec le thème ? Est-ce que j'ai pensé aux différentes façons dont les spectateurs vont réagir en fonction de leur âge ?

Une fois que vous commencez à trouver ces liens entre le public et le matériau ainsi qu'entre votre histoire et votre thème, il vous restera à explorer ce qu'il y a de plus important : chercher à créer un mythe.

Il peut s'agir d'histoires de « quête ». Celles-ci s'adressent à notre désir de trouver un trésor rare et merveilleux. Ces histoires incluent la recherche de valeurs extérieures telles qu'un travail, une relation ou du succès, et la recherche de valeurs intérieures telles que le respect, la sécurité, la réalisation de soi, l'amour et un foyer. Il s'agit toujours du même type de quête.

Il y a également des histoires de héros. Elles proviennent de nos expériences, de notre lutte contre l'adversité et de notre désir d'accomplir des exploits. Nous voulons que le héros réussisse et nous sommes heureux lorsqu'il atteint son but parce que nous savons que le voyage du héros est de nombreuses façons similaire au nôtre.

Nous désignons ce type d'histoires en parlant de **mythes.** Les mythes sont des histoires communes à notre conscience collective. On les trouve dans toutes les cultures et toutes les littératures. Elle vont des mythes grecs, aux contes de fées, aux légendes et aux histoires tirées de toutes les religions du monde.

Un mythe est une histoire plus que réelle. Beaucoup d'histoires sont vraies parce qu'une personne quelque part, à un moment donné, a vécu cette histoire. Elle est fondée sur des faits. Mais un mythe est une histoire qui n'est pas seulement vraie, c'est une histoire que nous avons tous vécue d'une façon ou d'une autre. Elle est susceptible d'intéresser tout le monde.

Certains mythes sont des histoires vraies qui atteignent une signification mythique parce que les gens impliqués semblent être « plus vrais que nature » et ils semblent avoir vécu leur vie de façon plus intense que les gens ordinaires. Martin Luther King Jr., Gandhi, Sir Edmund Hillary et Lord Mountbatten personnifient les types de voyages auxquels nous nous identifions parce que nous avons accompli des voyages similaires à notre niveau.

D'autres mythes traitent de personnages imaginaires qui peuvent incarner pour nous tous nos voyages. Certains de ces personnages imaginaires peuvent ressembler aux personnages que nous rencontrons dans nos rêves ou être une combinaison de différents types de personnages que nous avons rencontrés.

Dans bien des cas le mythe est une « histoire sous l'histoire ». On découvre le même schéma universel derrière le voyage de Gandhi vers l'indépendance et celui de Sir Edmund Hillary vers le sommet du Mont Everest. Ils contiennent de nombreux temps dramatiques similaires qu'on retrouve lorsque Rambo libère les soldats américains disparus en action, qu'Indiana Jones retrouve l'arche perdue et que Luke Skywalker combat l'Empire du Mal.

Dans *Hero with a Thousand Faces*, Joseph Campbell retrace les éléments qui constituent le mythe du héros. Ces critères ont été appliqués au film *La Guerre des étoiles* par Chris Vogler et Thomas Schlesinger dans leurs séminaires ainsi que dans les conversations entre Joseph Campbell et Bill Moyers dans la série sur PBS intitulée : « The Power of Myth ». Le mythe présent à l'intérieur d'une histoire aide à expliquer pourquoi des millions d'individus sont allés voir et revoir ce film.

Le mythe du héros a des temps forts spécifiques qui ont lieu dans chaque histoire de héros. Ils montrent qui est le héros, ce dont le héros a besoin, et comment l'histoire et le personnage agissent ensemble pour aboutir à une transformation. Le voyage vers l'héroïsme est un processus. Ce processus universel constitue l'essence de toutes ces histoires particulières, telle que celle de la trilogie de *La Guerre des étoiles*.

LE MYTHE DU HEROS

1. Dans la plupart des histoires de héros, celui-ci est présenté dans un environnement ordinaire en train de faire des choses banales. En général, le héros commence par être un antihéros : il est innocent, jeune, simple ou humble. Dans *La Guerre des étoiles* la première fois que nous voyons Luke Skywalker, il n'a pas envie d'accomplir les corvées qu'il doit faire. Il est censé choisir de nouveaux droïds pour son travail. Il préfèrerait sortir et s'amuser. Il veut quitter sa planète et se rendre à l'Académie mais il ne le peut pas. Voilà comment débutent la plupart des mythes. Voilà comment nous rencontrons le héros avant qu'il soit appelé à se lancer dans une aventure.

2. Puis quelque chose de nouveau s'insinue dans la vie du héros, un catalyseur qui lance l'action. Il peut s'agir de l'attaque allemande dans *The African Queen* ou de l'olographe de la Princesse Leia dans *La Guerre des étoiles*. Quelle que soit sa forme, ce nouvel ingrédient propulse le héros vers une aventure extraordinaire. Cet appel établit les enjeux et un problème est présenté pour lequel il lui faudra trouver une solution.

3. De nombreuses fois cependant le héros ne veut pas partir, le héros est hésitant, il a peur de l'inconnu, il n'est pas sûr d'être capable de relever le défi. Dans *La Guerre des étoiles* Luke est appelé deux fois vers l'aventure. Tout d'abord par la Princesse Leia dans l'olographe puis, par Obi-Wan Kenobi qui dit avoir besoin de l'aide de Luke. Mais Luke n'est pas prêt à partir. Il revient chez lui et s'aperçoit que les Soldats de la Tempête Impériale ont brûlé sa ferme et massacré sa famille. Désormais il est personnellement motivé et il est prêt à se lancer dans l'aventure.

4. Dans tous ces voyages le héros reçoit de l'aide qui provient en général de sources inhabituelles. Dans de nombreux contes, le héros est aidé par une vieille femme, un arbre, une sorcière ou un sorcier. Le héros réussit à atteindre son but grâce à cette aide et parce qu'il est réceptif à ce que cette personne est susceptible d'offrir.

   Il y a un certain nombre de contes dans lesquels le premier et le deuxième fils sont envoyés pour accomplir une tâche mais ils ne tiennent pas compte des personnages d'adjuvants et ils les méprisent. Ils seront alors punis sévèrement pour leur manque d'humilité et leur refus de cette aide. Puis le troisième fils, qui est le héros, parvient à accomplir la mission car il accepte l'aide des adjuvants et il obtient la princesse.

   Dans *La Guerre des étoiles*, Obi-Wan Kenobi est un exemple parfait de personnage « d'adjuvant ». C'est une sorte de mentor pour Luke. Il lui apprend le Chemin de la Force et son enseignement se poursuit même après sa mort. Ce personnage de mentor apparaît dans la plupart des histoires de héros. C'est la personne qui a une connaissance spéciale, qui connaît des renseignements spécifiques et qui possède des talents particuliers. C'est le cas du chercheur d'or dans *The Treasure of the Sierra Madre* (*Le Trésor de la Sierra Madre*) ou du psychiatre dans *Ordinary People* (*Des gens comme les autres*) ou de Quint dans *Les dents de la mer,* celui qui connaît tout sur les requins ou de la Bonne Sorcière du Nord qui donne à Dorothy les souliers de vermeil dans *The Wizard of Oz* (*Le Magicien d'Oz*). Dans *La Guerre des étoiles,* Obi-Wan donne à Luke le sabre de lumière qui était l'arme spéciale du Chevalier Jedi. Avec ceci, Luke est prêt à progresser, à entreprendre son entraînement et à affronter l'aventure.

5. Le héros est maintenant prêt à pénétrer dans un monde spécial, c'est-à-dire à passer du monde ordinaire au monde extraordinaire. Ceci déclenche la transformation du héros et établit les obstacles qui doivent être surmontés pour qu'il atteigne son but. En général, ceci se passe au premier tournant de l'histoire et conduit au développement de l'Acte Deux. Dans *La Guerre des étoiles,* Obi-Wan et Luke recherchent un pilote qui pourrait les emmener à la planète d'Alderan afin qu'Obi-Wan puisse livrer les plans au père de la Princesse Leia. Ces plans sont essentiels à la survie des Forces Rebelles. Cette action permet à l'aventure de commencer.

6. C'est alors que commencent les tests et les obstacles nécessaires pour surpasser l'ennemi et accomplir le but. Dans les contes de fées, ceci signifie souvent échapper aux pièges des sorcières, être plus intelligent que le Diable, éviter les voleurs ou affronter le mal. Dans *L'Odyssée* d'Homère cela signifie aveugler les Cyclopes, échapper à l'île des Mangeurs de Lotus, résister à la tentation des chants des sirènes et survivre à un naufrage. Dans *La Guerre des étoiles*, Luke est confronté à des aventures innombrables. Lui et ses compagnons doivent courir vers le Faucon du Millenium, échapper de justesse aux Soldats de la Tempête, avant de sauter dans l'hyperespace. Ils doivent éviter de se faire capturer sur l'Étoile de la Mort, délivrer la princesse et même éviter de succomber à un broyeur d'ordures.

7. A un certain moment de l'histoire, le héros est complètement désespéré. Il a alors souvent une « expérience de la mort » qui le conduit à une sorte de renaissance. Dans *La Guerre des étoiles*, Luke semble être mort lorsque le serpent l'entraîne dans le broyeur d'ordures mais il est sauvé juste à temps pour pouvoir demander à R2D2 d'arrêter le broyeur, avant qu'ils soient écrasés. Le « moment sombre » arrive souvent ainsi au deuxième pivot, c'est le moment où le héros doit faire face au pire, et l'action va pouvoir maintenant évoluer vers une conclusion excitante.

8. Maintenant, le héros saisit l'épée et prend possession du trésor. Il a pris en charge la mission mais il n'a pas encore terminé son voyage. Ici, Luke a retrouvé la Princesse et les plans mais la confrontation finale n'a pas encore commencé. Ceci démarre la scène d'évasion du troisième acte conduisant au climax final.

9. Le chemin du retour correspond souvent à la scène de poursuite. Dans de nombreux contes, c'est le moment où le Diable poursuit le héros qui

doit surmonter les obstacles pour devenir véritablement libre et être en sécurité. Son défi est de prendre ce qu'il a appris et de l'intégrer à son nouveau mode de vie. Il doit rentrer pour renouveler le monde ordinaire. Dans *La Guerre des étoiles*, Darth Vader mène une poursuite acharnée pour faire exploser la Planète Rebelle.

10. Puisque chaque histoire de héros est essentiellement une histoire de transformation, il est important de voir le héros transformé à la fin lorsqu'il est prêt à entamer une nouvelle forme de vie. Il doit faire face à l'épreuve finale avant de pouvoir renaître en tant que héros, en prouvant qu'il est courageux et en se transformant. C'est le moment dans de nombreux contes où le fils du meunier devient Roi et épouse la Princesse. Dans *La Guerre des étoiles,* Luke a survécu, il est maintenant une personne tout à fait différente du jeune homme innocent qu'il était au premier acte. A ce moment de l'histoire, le héros retourne chez lui et est réintégré dans sa société. Dans *La Guerre des étoiles,* Luke a détruit l'Étoile de la Mort et il reçoit sa grande récompense.

La Guerre des étoiles est une « histoire de héros » classique. On pourrait qualifier cet exemple de *mission* ou de *mythe de la tâche*, au cours duquel le personnage doit accomplir une tâche qui ne constitue pas le trésor. La récompense véritable pour Luke est le monde nouveau et dépourvu de danger qu'il a aidé à créer.

Un mythe peut avoir de nombreuses variations, nous voyons des variations de celui-ci dans les films de *James Bond,* (mais elles manquent de profondeur car le héros n'est pas transformé), et dans *Les Dents de la mer* où le requin doit être détruit, ou dans *Les Saisons du coeur* où Edna surmonte des obstacles pour accéder à une stabilité familiale.

Le *mythe du trésor* est une autre variation sur ce thème, que le voyage du héros soit destiné à trouver un trésor ou à accomplir une tâche, les éléments demeurent les mêmes. Le héros humble et réticent est appelé vers l'aventure. Il est aidé par divers personnages uniques. Il doit surmonter une série d'obstacles, ce qui le transforme. Puis il doit faire face au défi final grâce à des ressources intérieures et extérieures.

LE MYTHE DE GUERISON

Bien que le mythe du héros soit l'histoire la plus populaire, de nombreux mythes impliquent une guérison. Dans ces histoires un personnage est brisé et doit quitter son domicile pour pouvoir devenir entier à nouveau.

L'expérience universelle derrière ces histoires de guérison est notre désir psychologique de rajeunissement pour retrouver un certain équilibre. Le voyage du héros vers l'exil n'est pas très différent d'un week-end à Palm Strings ou d'un voyage à Hawaï pour se changer les idées, ou même du fait de rester au fond d'un lit d'hôpital pendant quelques semaines pour guérir. Dans tous ces cas, il y a quelque chose de déséquilibré et le voyage mythique avance vers la complétude.

Etre brisé peut prendre plusieurs formes. Cela peut être d'ordre physique, émotionnel ou psychologique. En général, cela prend ces trois formes. Lorsqu'il est exilé ou caché dans une forêt, un désert ou même une ferme Amish dans *Witness,* le personnage devient entier, équilibré et réceptif à l'amour. L'amour dans ces histoires est à la fois une force de guérison et une récompense.

Pensez à John Book dans *Witness*. A l'Acte Un, nous voyons un homme insensible et frénétique qui a peur de s'engager, qui a l'esprit critique et qui n'est pas réceptif aux influences féminines dans sa vie. John souffre d'une « blessure intérieure » dont il n'a pas conscience. Lorsqu'il reçoit une « blessure extérieure » par une balle de revolver, cela le force à partir en exil, ce qui débute son processus de transformation.

Au début de l'Acte Deux, John a une forte fièvre. Il délire. Il est proche de la mort. Cela suggère un mouvement vers l'inconscient, un mouvement de la vie rationnelle et active du policier de l'Acte Un, vers un monde féminin et mystérieux plus intuitif. Puisque le problème interne de John est de ne pas savoir prendre en compte le côté féminin en lui, ce délire commence le processus de transformation.

Plus tard, au cours de l'Acte Deux, John commence à changer. Il évolue d'un style de vie fortement indépendant vers le mode de vie communautaire et collectif de ses hôtes Amish. Il se lève tôt comme eux pour traire les vaches et les aider à faire les corvées. Il utilise ses talents de menuisier pour aider à construire une ferme et pour réparer la volière. Progressivement, il commence à développer une relation avec Rachel et son fils Samuel. John vit de façon plus lente qu'à la ville et il devient plus réceptif. Il apprend des leçons importantes sur l'amour. Finalement, à l'Acte Trois, il comprend que cela vaut la peine de sauver le côté féminin en soi. Il jette son revolver pour sauver la vie de Rachel. Un peu plus tard, lorsqu'il a la possibilité de tuer Paul, il choisit de réagir de façon non-violente. Bien que John « n'obtienne pas la Princesse » il a néanmoins « gagné » l'amour et la complétude. A la fin du film nous pouvons voir que le John Book de l'Acte Trois est différent du John Book de l'Acte Un. Il entretient une sorte d'amitié différente avec ses amis officiers de police. Il est plus à l'aise. On s'aperçoit que son expérience a contribué à forger un être mieux intégré à la société.

LES MYTHES DE COMBINAISONS

De nombreuses histoires sont en fait des combinaisons de plusieurs mythes différents. Pensez à *SOS fantômes*, une comédie extravagante sur trois hommes qui sauvent New York de ses fantômes. Souvenez-vous de l'histoire de « la Boîte de Pandore » ; il s'agit d'une femme qui libère toutes sortes de maux qui se répandent sur la terre en ouvrant une boîte, alors qu'on lui avait dit de ne pas y toucher. Dans *SOS fantômes*, l'agent des Expériences sur les Activités Paranormales est un personnage semblable à Pandore. En arrêtant le système du Centre de Confinement, il libère par inadvertance tous les fantômes qui s'échappent dans New York. Associez l'histoire de « la Boîte de Pandore » à une histoire de héros et cela vous donne *SOS fantômes*. L'un des héros « obtient la Princesse » lorsque Dana Barrett finit par s'intéresser au Docteur Peter Venkman. En regardant ces combinaisons cela devient évident que même *SOS Fantômes* est plus qu'une simple comédie.

Tootsie est en fait un travail de réécriture à partir de nombreuses histoires shakespeariennes dans lesquelles une femme doit s'habiller en homme afin d'accomplir une certaine tâche. Ces histoires shakespeariennes rappellent de nombreux contes de fées dans lesquels le héros devient invisible ou assume une autre personnalité, ou porte un déguisement spécifique pour cacher ses qualités réelles. Dans l'histoire « Des douze Princesses qui dansent » ou de « L'Homme à la peau d'ours » il est nécessaire d'avoir un déguisement pour atteindre un but. Associez ces éléments avec le thème de transformation du mythe du héros où un héros comme Michael doit surmonter de nombreux obstacles pour devenir un acteur et un homme accompli. Vous verrez qu'il n'est pas difficile de comprendre pourquoi l'histoire de *Tootsie* nous accroche.

L'ARCHETYPE

Un mythe inclut certains personnages que nous voyons dans de nombreuses histoires et que l'on nomme ***archétypes***. Ils correspondent au « schéma originel » ou au « personnage type » que l'on trouvera sur le parcours du héros. Les archétypes prennent de nombreuses formes mais ils peuvent être regroupés en quelques catégories.

Un peu plus haut nous avons parlé de quelques uns des « adjuvants » qui donnent des conseils pour aider le héros. Il s'agit souvent d'un vieux sage qui possède une connaissance spéciale et sert de mentor au héros.

La contrepartie féminine du vieux sage est la Bonne Mère. Alors que le vieux sage a une connaissance supérieure, la Bonne Mère est connue pour ses qualités rassurantes et son intuition. Ce personnage donne souvent au héros des objets particuliers pour l'aider au cours de son voyage. Il peut s'agir d'une amulette protectrice ou, par exemple, des souliers de vermeil que la Bonne Sorcière du Nord donne à Dorothy dans *Le Magicien d'Oz*. Parfois dans les contes de fées, il s'agit d'une cape pour rendre la personne invisible ou d'objets ordinaires qui deviennent extraordinaires, comme dans « The Girl of Courage » un conte afghan sur une jeune fille qui reçoit un peigne, une pierre à aiguiser et un miroir pour l'aider à combattre le Diable.

De nombreux mythes contiennent **un personnage fantôme** (***a shadow figure***) qui est l'opposé du héros. Il lui arrive d'aider le héros dans son voyage ou de s'opposer à lui. Il peut s'agir d'incarner le côté négatif du héros comme le personnage du frère sombre et hostile dans *Cain and Abel*, les demi-soeurs dans *Cendrillon* ou la jeune voleuse dans *The Snow Queen*. Le personnage fantôme peut aussi aider le héros comme le font les putains au coeur d'or en leur sauvant la vie ou en leur offrant une image différente de la femme qui leur permettra d'ajuster l'image idéalisée qu'ils en avaient.

De nombreux mythes contiennent des *archétypes d'animaux* qui peuvent être des personnages positifs ou négatifs. Dans *St George and the Dragon*, le dragon est la force négative. C'est un animal violent et dévastateur assez similaire au requin dans *Les Dents de la mer*. Mais dans de nombreuses histoires, les animaux aident le héros. Parfois, il s'agit d'un âne qui parle ou d'un dauphin qui sauve le héros ou encore de chevaux ou de chiens magiques.

« Le farceur » est un personnage archétypique malveillant. Il provoque souvent le chaos, il perturbe la paix et c'est généralement un anarchiste. Le farceur utilise son esprit et la ruse pour parvenir à ses fins. Parfois, il s'agit d'un farceur inoffensif ou d'un « mauvais garçon » qui est drôle et plaisant. La plupart du temps le farceur est un arnaqueur (*The Sting, L'Arnaque*) ou un personnage diabolique ce qui nécessite tous les talents du prêtre pour en venir à bout (*The Exorcist, L'Exorciste*). Les histoires de *Till Eulenspiegel* et les romans picaresques espagnols sont construits autour du personnage de l'escroc. Même le *Tale of Tom Sawyer* a un motif d'escroc. Dans tous les pays, ce type de personnage dont la fonction est d'être plus malin que les autres a inspiré de nombreuses histoires.

LES PROBLEMES « MYTHIQUES » ET LEUR SOLUTION

Nous avons tous été élevés avec des mythes. Dans la plupart des cas, nous avons tous lu ou entendu des contes lorsque nous étions enfants. Certains d'entre nous ont lu des histoires de la Bible ou des histoires d'autres religions et d'autres cultures. Ces histoires font partie de nous et la meilleure façon de travailler avec elles c'est de les laisser venir naturellement au fur et à mesure que vous écrivez des scénarios. Bien sûr certains cinéastes y parviennent mieux que d'autres. George Lucas et Steven Spielberg ont une grande sensibilité pour les mythes et ils les incorporent dans leurs films. Ils ont tous les deux parlé de leur amour de ces histoires de leur enfance et de leur désir de faire connaître ce type d'histoires au public. Leurs histoires créent la même sensation d'émerveillement et d'excitation que les mythes. Un grand nombre des temps psychologiques nécessaires font partie de leurs histoires, ce qui leur donne une dimension plus profonde que les simples films d'action-et-d'aventure.

Les mythes donnent de la profondeur aux histoires de héros. Si un cinéaste pense seulement à l'action et à l'excitation de l'histoire, le public peut ne pas réussir à s'intéresser au voyage du personnage. Mais si les temps fondamentaux du voyage du héros sont évidents, ce film attirera souvent les spectateurs de façon inexplicable malgré les réactions des critiques.

Prenez *Rambo*, par exemple. Pourquoi cette histoire simple et violente a-t-elle été si populaire auprès des spectateurs ? Je ne pense pas que c'était parce que tout le monde était d'accord avec son contenu politique. Mais je pense que Sylvester Stallone est un maître quand il s'agit d'incorporer la mythologie américaine dans ses films. Cela ne signifie pas qu'il le fait consciemment. D'une certaine façon, il parvient à donner l'impression de suivre naturellement le rythme du mythe, et celui-ci s'intègre à ses histoires.

Clint Eastwood traite aussi des histoires de héros qui nous offrent les éléments d'aventure et de transformation qu'on trouve dans les mythes. Récemment, il a accordé plus d'attention dans ses films à la transformation du héros et il a bénéficié de plus d'intérêt de la part des critiques.

Tous ces cinéastes, Lucas, Spielberg, Stallone et Eastwood, donnent une version dramatique du mythe du héros d'après leur propre style et chacun d'entre eux prouve que les mythes se vendent bien.

APPLICATION

Une partie importante du travail de l'auteur et du producteur consiste à trouver continuellement des occasions d'approfondir les thèmes à l'intérieur d'un scénario, ce qui est accompli entre autre en parvenant à identifier le mythe qui est en filigrane de l'histoire moderne.

Pour découvrir ces mythes, on peut relire les contes de Grimm ou tout autre conte de n'importe quelle partie du monde, afin de se familiariser avec une grande variété de mythes. Vous commencerez à découvrir des schémas et des éléments qui sont liés à notre expérience humaine.

Lisez également les écrits de Joseph Campbell et la mythologie grecque. Si vous vous intéressez à la psychologie jungienne, vous trouverez de nombreuses ressources intéressantes dans des livres sur ce sujet. Puisque la psychologie jungienne parle des archétypes, vous y trouverez de nombreux personnages nouveaux dont vous pourrez vous inspirer.

Lorsque vous incorporerez toutes ces ressources, il vous faudra vous souvenir qu'un mythe n'est pas une histoire que vous pouvez intégrer de force à votre scénario. Il s'agit plutôt d'un schéma que vous pouvez faire ressortir dans vos histoires lorsqu'elles semblent suivre la direction d'un mythe. Posez-vous alors les questions suivantes :

Est-ce que j'ai un mythe qui fonctionne dans mon scénario ? Si c'est le cas, quels sont les temps forts que j'utilise pour le voyage du héros ? Quels sont ceux qui semblent manquer ?

Est-ce qu'il me manque des personnages ? Est-ce que j'ai besoin d'un personnage de mentor ? D'un vieux sage ? D'un sorcier ? Est-ce que l'un de ces personnages m'aiderait à donner une dimension au voyage du héros ?

Pourrais-je créer des dimensions émotionnelles nouvelles au mythe en représentant mon personnage tout d'abord comme étant réticent, naïf, simple ou même radicalement non-héroïque ? Est-ce que mon personnage évolue au cours du voyage ?

Ai-je utilisé une structure en trois actes qui présente correctement le mythe, en utilisant le premier pivot pour lancer l'aventure, le second pour créer un moment sombre, puis un renversement ou même une expérience de confrontation avec la mort ?

N'ayez pas peur de créer des variations sur un mythe, mais ne commencez pas à partir du mythe lui-même, sinon votre écriture sera rigide, non créative et très prévisible. Laissez le s'épanouir naturellement, cela fait partie du processus de réécriture. Vous pourrez ainsi donner à votre scénario de la profondeur et une vie nouvelle au fur et à mesure que vous découvrirez le mythe en filigrane dans votre histoire.

PRODUCTION - REALISATION

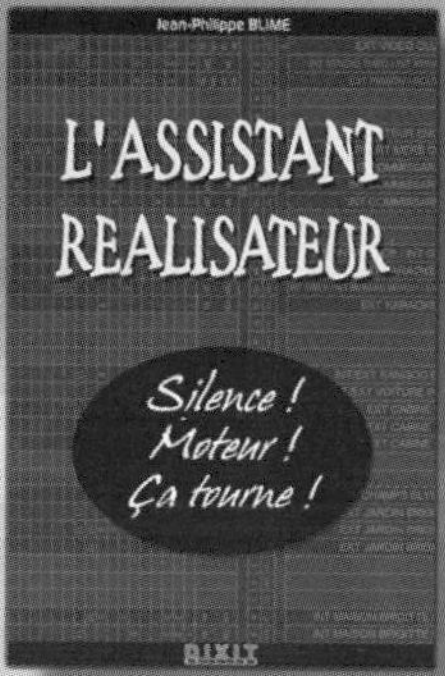

TROISIEME PARTIE

LE DEVELOPPEMENT DES PERSONNAGES

CHAPITRE NEUF

DE LA MOTIVATION AU BUT : TROUVER LA COURBE DRAMATIQUE DU PERSONNAGE

La plupart des histoires sont relativement simples. Leur début, leur milieu, et leur fin peuvent être racontés en quelques mots. « E.T. reste prisonnier sur la terre, puis il rentre chez lui ». « Marty se retrouve trente ans auparavant grâce à une machine à remonter le temps, puis il retourne vers le futur » . « Michael s'habille en femme, obtient un rôle, puis se dévoile ».

Ce sont les personnages qui donnent à une histoire une dimension et une direction, ce qui contribue à créer une certaine complexité. L'histoire évolue en fonction des particularités et des intentions des personnages. C'est ce qui rend l'histoire passionnante.

Pensez à Rose et à Allnutt dans *The African Queen.* Si Rose n'avait pas rendu les Allemands responsables de la mort de son frère et si elle n'avait pas été en colère et déterminée *Le Louisa* n'aurait jamais été torpillé. Mais le caractère de Rose a changé le cours de l'histoire. L'idée d'Allnutt était de rester tranquille pendant quelques jours puis d'imaginer un plan simple qui leur aurait sauvé la vie, alors que Rose voulait se venger des Allemands et faire quelque chose pour son pays. Allnutt n'aurait pas accepté si Rose, en bonne missionnaire n'avait pas vidé son gin par-dessus bord et si elle n'avait pas refusé de lui adresser la parole jusqu'à ce qu'il cède. C'est le caractère de Rose qui a entraîné l'histoire dans de nouvelles directions.

Les personnages influencent l'histoire, et en particulier le personnage principal, parce qu'il a *un but* et cela donne une direction à l'histoire. Au début de l'histoire un événement incite le personnage à se lancer à la recherche de son but. Le personnage accomplit ensuite certaines actions pour le réaliser. Et à la fin de la plupart des films le but est atteint.
De la même façon qu'une ligne narrative a une courbe dramatique déterminée par son exposition, ses pivots et son climax, il existe aussi **une**

courbe dramatique du personnage (a character spine) qui est déterminée par la relation qui existe entre sa motivation, ses actions et son but. Les personnages ont besoin de tous ces éléments pour définir clairement qui ils sont, ce qu'ils veulent, pourquoi ils veulent ceci et quelles actions ils sont prêts à prendre pour accomplir leur but.

S'il manque ne serait-ce que l'un de ces éléments, la ligne narrative du personnage ne sera pas claire. Sans direction, nous ne saurons pas choisir le personnage que nous aimerions voir réussir.

MOTIVATION

Nous avons tous regardé des films dans lesquels nous ne savons pas pourquoi les personnages font ce qu'ils font. Nous avons vu des films où le héros prend des risques considérables pour sauver son pays, sans avoir vu si son pays a une véritable signification pour lui.

Dans d'autres films, les personnages ont l'air irrité, ils se mettent en colère ou tombent amoureux sans la moindre raison apparente. Dans chacun de ces cas, la motivation est faible et peu claire. Si nous ne savons pas pourquoi un personnage fait quelque chose il est difficile de s'impliquer dans l'histoire. Par conséquent, l'histoire perd sa dynamique et nous nous en désintéressons.

La motivation propulse les personnages en avant dans l'histoire. C'est un catalyseur, au début de l'histoire qui pousse le personnage à s'impliquer. Comme n'importe quel catalyseur, la motivation est d'ordre physique, situationnelle ou elle est exprimée par le dialogue.

Ce sont les actions physiques qui donnent toujours le plus d'élan à une histoire. L'évasion de Richard Kimble force Sam Gerard à commencer sa poursuite (*Le Fugitif*). Dans *Impitoyable*, c'est parce que la putain se fait lacérer que Will Munny essaye de la venger et c'est l'apparition des fantômes qui force les éliminateurs de fantômes à agir. Ces sortes d'événements propulsent le personnage principal dans l'histoire. Ils le forcent à s'impliquer dans ce qui va avoir lieu sans ambiguïté.

Parfois l'histoire utilise une combinaison d'événements physiques et de dialogues pour construire *une situation*, si bien que nous sentons ce qui pousse le personnage bien qu'aucun moment spécifique ne serve de catalyseur. *Tootsie* construit la motivation en nous montrant les luttes que Michael connaît pour trouver un travail. Ces échecs répétés l'incitent à essayer n'importe quoi, y compris à se faire passer pour une femme pour obtenir un rôle dans un soap. *Tootsie* commence par un montage de ces séances d'audition :

UN THEATRE DANS LA PENOMBRE. INT.

LA VOIX
Michael... Dorsey, c'est ça ?

LA CAMERA SE RETIRE et reste sur Michael qui regarde un auditorium dans la pénombre. C'est un acteur de quarante ans, il tient un scénario.

MICHAEL
Oui, c'est ça.

LA VOIX
Monsieur Dorsey, voulez-vous prendre page vingt-trois ?

MICHAEL
(avec sentiment)
« Oh ma chérie, sais-tu quel coup de poignard ce fut ce réveil à Paris, ce matin-là quand je ne t'ai pas vue à mes côtés ? Un peu de pudeur. Cache ta poitrine, Kevin est en bas, oh mon Dieu ! Mais qui es-tu donc ? »

LA CAMERA SE RETIRE pour révéler UN REGISSEUR DE FORTE CARRURE avec un cigare à la bouche.

LE REGISSEUR
« Je suis une femme qui n'est ni la mère de Felicia ni la femme de Kevin. »

LA VOIX
Merci, monsieur Dorsey mais nous cherchons quelqu'un d'un peu plus âgé.

UNE AUTRE SCENE SANS DECORS. INT.

Michael et un autre régisseur.
Michael est habillé en short, un t-shirt et des tennis, il joue avec un Yo-Yo.

MICHAEL
Maman ! Papa ! Oncle Peter ! Venez vite. Y a Biscuit qui doit être mort ! Il a l'air tout drôle !

LA VOIX
(provenant de l'obscurité)
Merci, merci. Nous cherchons quelqu'un d'un peu plus jeune.

TROISIEME SCENE SANS DECORS. INT

Michael est seul sur scène.
Michael est en colère. Il frappe le scénario contre sa cuisse.

MICHAEL
Oh, est-ce que je pourrais... je peux la refaire là j'étais pas, j'étais pas dans le sentiment.

LA VOIX
(provenant de l'obscurité)
Non, non, c'était bien joué. Mais vous n'avez pas la bonne taille.

MICHAEL
Et bien, c'est pas grave. Je peux être plus grand j'ai des…

LA VOIX
Non, non, vous n'y êtes pas. Nous cherchons quelqu'un de plus petit.

MICHAEL
Oh mais ça, vous savez je peux. Je peux être moins grand. Regardez je porte des semelles. Je peux être plus petit.

A la fin de ce montage nous comprenons ce qui motive Michael. Et nous ne nous demanderons pas pourquoi il se fait passer pour une femme pour obtenir un rôle.

Parfois les histoires reposent trop sur un personnage qui *explique* ses motivations, plutôt que sur le fait de *montrer* sa motivation. Ceci a lieu lorsqu'il n'y a pas d'action pour propulser les personnages dans l'histoire. Puisque nous ne voyons aucune action spécifique, les personnages doivent expliquer la raison pour laquelle ils s'engagent. Ceci fonctionne bien dans les romans mais c'est rarement efficace dans une histoire dramatique. Si nous ne pouvons pas voir clairement ce qui motive la présence d'un personnage dans une histoire, des explications ne nous aideront pas.

Plusieurs méthodes sont souvent utilisées pour raconter les motivations au lieu de les montrer, mais elles sont en général inefficaces. L'une d'entre elles est **le discours d'exposition** (**the expository speech**), l'autre le **flash-back**.

Dans de nombreux scénarios, les auteurs vont donner de l'importance à l'histoire antérieure en précisant que c'est là qu'on peut trouver la motivation principale pour les actions de leur personnage. Cela signifie que les personnages auront de longs discours d'exposition, dans lesquels ils parleront du passé pour justifier leurs actions du moment. Ils discuteront de leur passé et des circonstances psychologiques. Il nous donneront des renseignements sur l'endroit où ils ont grandi, avec de longues histoires sur leurs premières années et leurs parents. Ils parleront peut-être également de l'influence d'autres personnages sur leur vie lorsqu'ils étaient petits, par des détails sur leur tante favorite ou un méchant oncle. Ou ils parleront des problèmes qu'ils ont eus il y a deux ou même quinze ans en expliquant méticuleusement comment ceci les a incités à accomplir l'action du moment.

En général, ces discours enlisent le scénario. C'est le cas lorsqu'ils n'apportent rien au sujet traité. Parfois ils ne parviennent pas à montrer les motivations présentes qui sont plus importantes qu'un renseignement sur le passé. De nombreuses fois, les scénaristes voient ces discours comme étant révélateurs sur les personnages, mais ceux-ci sont bien mieux révélés par une action qui fait progresser l'histoire. Les scènes qui n'ont qu'une fonction de caractérisation ne parviennent pas à donner la pulsion et la motivation nécessaires au personnage et puisqu'une oeuvre dramatique est orientée vers les images plutôt que vers la parole, tout ce qui raconte au lieu de montrer diminue le pouvoir dramatique de la scène.

Les flash-back dans de nombreux cas sont souvent des éléments d'information plutôt que des éléments dramatiques. En général, les flash-back sont utilisés pour expliquer, pour donner des renseignements sur l'histoire antérieure ou sur le personnage. Souvent les scénaristes expliqueront leur choix d'un flash-back en disant qu'ils avaient eu l'intention de donner des renseignements supplémentaires sur leur personnage et que le passé semblait utile pour expliquer le présent.

Pour de nombreuses raisons, il est rare qu'un flash-back utilisé pour expliquer une motivation fonctionne. La motivation propulse un personnage vers l'avant alors que par nature un flash-back arrête l'action parce qu'il présente une motivation qui appartient à un passé lointain, plutôt que dans le présent immédiat. Si la motivation a vraiment eu lieu longtemps auparavant, le personnage aurait déjà dû agir en conséquence depuis longtemps. Une motivation réelle a lieu pendant la ligne narrative au présent. Il peut s'agir du dernier incident d'une série d'incidents. Mais la motivation ne se produit que lorsque le personnage est prêt. Cela a lieu maintenant. C'est imminent, et cela se passe dans le présent.

Le flash-back accentue les détails plutôt que les événements dramatiques. Il accentue la psychologie interne du personnage plutôt que les actions présentes qui provoquent une réponse. Il révèle le personnage mais il le motive rarement.
Ceci ne signifie pas qu'il ne faut jamais utiliser de flash-back. Certains flash-back sont nécessaires pour des buts thématiques ou pour servir le style du film. *Le baiser de la femme araignée* semblait exiger des flash-back pour briser l'enfermement dans la cellule. L'histoire de *Stand by Me* est jouée comme un flash-back qui explore les thèmes de l'identité et de l'amitié, alors qu'un adulte observe l'un des incidents majeurs de sa vie. Les flash-back dans *Le Fugitif* aident à éclaircir le mystère ainsi qu'à donner au public des faits importants sur le meurtre. Mais la plupart des bons films vont accentuer le déroulement du présent de façon efficace pour révéler les motivations.

Où faut-il commencer l'histoire si on n'utilise pas de flash-back ou de discours d'exposition pour expliquer l'histoire ? Comment trouve-t-on l'image initiale qui sert à propulser toute l'action du film ? Vous pourrez souvent clarifier et recentrer la motivation d'un personnage en plaçant le personnage principal à **un point de crise (a crisis point)** au début de l'histoire.

Le point de crise est un moment où les personnages sont particulièrement susceptibles d'être attirés par de nouvelles directions. D'une certaine façon, leur ancienne histoire a été détruite et ils sont prêts à se lancer dans une nouvelle histoire. C'est le cas d'Edna dans *Les Saisons du coeur* ou de Rachel dans *Witness*. Nous les voyons juste après la mort de leurs maris. Elles sont vulnérables et à la veille d'une nouvelle période de leur vie.

Dans la plupart des meilleurs films vous verrez des personnages sur le point de faire quelque chose. Dans *SOS fantômes*, les trois experts en activités paranormales ont été renvoyés. Le point de crise, ainsi que l'apparition des fantômes, les propulsent dans leur nouvelle carrière. Dans *La Guerre des étoiles,* l'Etoile de la Mort est prête à détruire tout ce qui a de la valeur. Ceci exige une action immédiate de la part de tous les bons personnages. *Autant en emporte le vent* montre un pays à la veille de la guerre et cette situation motive les actions qui suivent.

Pour bien fonctionner il faut que la motivation soit claire. Elle doit être exprimée par l'action et non par la parole. Elle est censée propulser le personnage principal dans l'histoire, parce qu'il est à un moment de crise dans sa vie. Le but donnera une direction à cette dynamique.

LE BUT

Grâce à la motivation, le personnage commence à rechercher un but, le personnage principal se doit d'aller dans une certaine direction pour obtenir quelque chose. De même que la motivation propulse le personnage vers une direction spécifique, le but l'entraîne vers le climax.

Le but est un élément essentiel du drame. Il n'est pas inhabituel d'entendre un chef de développement demander : « mais qu'est-ce que ce personnage veut ? ». Sans but clair à l'esprit, le personnage va errer, devenir confus et désespéré. Il nous sera impossible de comprendre l'essence de l'histoire.

Le but lie le personnage avec le climax de l'histoire. Le climax est atteint par le personnage qui cherche à accomplir son but et qui l'atteint. Mais n'importe quel but n'accomplira pas cela. Afin qu'un but fonctionne bien, il doit répondre à trois exigences principales.

Tout d'abord, il faut que quelque chose soit en jeu dans l'histoire qui va convaincre le public que ce serait vraiment dommage si le personnage principal n'atteignait pas son but. Si nous ne croyons pas qu'il s'agit d'une nécessité, nous n'arriverons pas à nous intéresser à la quête du personnage.

Il peut s'agir d'enjeux très différents : des enjeux de survie (*La Guerre des étoiles*), d'appartenance (*Les Saisons du coeur*), d'estime de soi (*Tootsie)*, ou même l'intérêt pour la survie de quelqu'un d'autre (*Cocoon*). Mais il faut que nous puissions clairement comprendre le but visé et qu'il est nécessaire que notre personnage l'accomplisse.

Deuxièmement, un but valable va susciter un conflit direct entre le protagoniste et l'antagoniste. Ce conflit établit le contexte pour l'histoire entière et renforce le personnage principal parce qu'il a désormais un opposant digne de ce nom. Evidemment atteindre le but ne sera pas facile parce que quelqu'un va s'acharner à faire que le protagoniste n'y parvienne pas.

Troisièmement, le but devra être suffisamment difficile à atteindre pour que le personnage change, tout en cherchant à l'accomplir. Les personnages les plus forts vont acquérir une dimension supplémentaire grâce à ce voyage. D'une certaine façon, ils seront transformés parce que le but ne peut pas être atteint sans que le personnage subisse un changement. Le mouvement vers le but aura un effet psychologique sur les personnages impliqués. Ils devront faire preuve de courage, d'ingéniosité ou de détermination. Et ils ne pourront obtenir ce qu'ils désirent qu'en laissant ces changements se produire en eux.

ACTION

La méthode par laquelle le personnage accomplit son but démontre sa force ou sa sincérité. Les gens qui disent qu'ils désirent quelque chose mais qui ne font rien pour l'obtenir ne sont pas sincères. Il est difficile de les croire car ils manquent de crédibilité. Les personnages doivent entreprendre des actions spécifiques lorsqu'ils cherchent à atteindre leur but. Plus les actions sont fortes, plus les obstacles seront difficiles à surpasser et plus le personnage en ressortira puissant.

Naturellement les obstacles et les actions viennent sous de nombreuses formes différentes. Une action peut être une enquête (*La Mort aux trousses*), une fusillade (*Dirty Harry*), une capture et une destruction (*SOS fantômes*) ou la dévastation et la reconstruction d'un pays dans (*Autant en emporte le vent*). Dans chacun de ces films l'action est claire, dramatique, et chaque temps fort nous rapproche du but final.

On peut élaborer les tableaux suivants pour décrire les liens entre les motivations, les actions et les buts dans certains films :

MOTIVATION	ACTION	BUT
Witness Le meurtre d'un officier de police force John Book à	faire rester Rachel et Samuel à Philadelphie, à montrer à Samuel une ligne de suspects et des photos de suspects, à parler à Paul, à se cacher dans une ferme Amish, à appeler son partenaire, à menacer Paul afin de	dévoiler les assassins.

Retour vers le Futur Une machine à voyager dans le temps propulse Marty dans le passé.	Il résiste aux avances de sa mère, recherche le Professeur, se bat avec Biff, se déguise en Darth Vader pour inciter George à inviter Lorraine à sortir avec lui. A force de cajoleries, de persuasion et de manipulation	Pour survivre et retourner vers le futur.
The African Queen Les Allemands détruisent le village et tuent le frère de Rose ce qui l'incite à	descendre des rapides, passer à travers une fusillade et des hautes herbes. Elle nage sous l'eau pour aider Allnutt à réparer le bateau, et elle le force à devenir son partenaire afin	de détruire *Le Louisa*.

Dans ces films la motivation est claire, l'action est solide et le but est suffisamment irrésistible pour propulser le personnage vers l'accomplissement de son objectif.

LES PROBLEMES LIES A LA COURBE DRAMATIQUE DU PERSONNAGE

C'est le manque de clarté des motivations ou l'absence de celles-ci qui constituent l'un des problèmes les plus fréquents dans les films. Nous avons tous vu de nombreux films où l'on ne cesse de se demander pourquoi un personnage accomplit une action plutôt qu'une autre.

Après une projection de *Mosquito Coast*, de nombreux spectateurs ont demandé pourquoi l'épouse reste avec Allie sans se rebeller contre ses actions. Après avoir vu *Mission*, certaines personnes ont demandé pourquoi la mission était si importante pour les indigènes et pourquoi ils étaient prêts à mourir pour elle.

Il arrive que les raisons d'une motivation soient à l'intérieur d'un film mais que l'on ne s'en aperçoive pas, parce que le film se déroule rapidement, que nous n'avons pas prêté attention à un élément de dialogue ou parce que nous avons manqué les liens logiques entre différents éléments censés justifier la motivation du personnage. Parfois il ne faut pas hésiter à répéter la motivation plusieurs fois. Et bien souvent, elle ne sera claire que si elle est exprimée par l'action, l'image *et* les dialogues.

Des renseignements sur la motivation peuvent être difficiles à incorporer à un film. Le fait d'établir une histoire et d'introduire un personnage tout en créant une image d'ouverture dramatique demande d'avoir su intégrer prudemment de nombreux éléments. Souvent, la motivation des personnages n'est pas présentée dans son intégralité. C'est difficile de savoir quelle quantité d'histoire antérieure et d'exposition présenter pour que le public comprenne l'histoire. Les scénaristes débutants ont tendance à inclure trop d'éléments. Les scénaristes expérimentés ont parfois tendance à faire le contraire, en laissant de côté une image ou un élément de dialogue qui aurait fait toute la différence.

Le plus souvent, les problèmes qu'on rencontre avec l'essence du personnage sont plutôt liés à la motivation et aux actions qu'aux buts. En général, le but est clair, cependant, parfois un personnage n'accomplit pas suffisamment d'actions pour atteindre son but.

Nous allons au cinéma pour découvrir une bonne histoire et regarder des personnages qui agissent. S'ils se contentent de parler ce n'est guère intéressant. Certains d'entre eux pourtant sont passifs.

Cela peut fonctionner pendant une partie du film, mais si cela dure trop longtemps on perdra tout intérêt pour ce personnage même s'il s'agit du personnage principal. Celui-ci doit faire suffisamment d'efforts pour atteindre son but et il doit commencer à agir environ au milieu du scénario et ne pas se contenter d'être une victime.

Dans certains films, la passivité du personnage principal donne l'impression que son histoire n'a rien à voir avec celle du film. C'est le cas de Jane Fonda dans *The Morning After* (*Le Lendemain du crime*). Ce film tourne autour d'un meurtre et des tentatives pour arrêter le coupable. Or le film est essentiellement centré sur le personnage d'Alexandra et ce ne sont pas ses réactions qui nous conduisent vers le climax.

Ceci crée des problèmes que les critiques ont soulevés. Ce sont les scènes sur les meurtriers qui sont les plus vivantes, mais on n'apprend pas grand chose sur eux dans la mesure où ces scènes sont présentées comme faisant partie de l'intrigue secondaire. L'accent étant mis sur la transformation d'Alexandra, celle-ci n'a pas grand-chose à faire pendant la majeure partie du film. Le personnage principal est une victime au lieu d'être la personne qui incite à tuer, qui permet de découvrir des renseignements importants ou d'obtenir une confession. Puisque le protagoniste ne conduit pas au climax, les liens entre la courbe dramatique de l'histoire et celle du personnage sont faibles.

Il semblerait que le scénariste de ce film (James Hicks) voulait faire preuve d'originalité. Il s'est efforcé d'éviter le type d'histoire policière courante dans laquelle une femme est entraînée dans une enquête par un policier macho et parvient ainsi à résoudre le mystère. Certains de ses choix furent réussis comme en témoignent les quelques critiques qui vantent le jeu et le fort arc transformationnel du personnage interprété par Jane Fonda.

Mais ce film démontre la nécessité de créer un équilibre. Un bon film a besoin d'une ligne narrative qui soit claire sans pour autant devenir prévisible. L'intrigue secondaire doit être correctement intégrée à l'intrigue principale et il doit y avoir un personnage dont la courbe dramatique soit claire. On doit pouvoir comprendre clairement sa motivation, son action et son but.

APPLICATION

Le premier travail de réécriture d'un personnage consiste à s'assurer que vous avez créé un personnage dont le fil directeur est solide. Dans de nombreux scénarios l'abondance de renseignements finit par dissimuler ce qui devrait être une motivation, une action et un but clairs. Dégager et clarifier l'essence de votre personnage exige d'éliminer certains temps forts et d'en créer d'autres.

Si vous pensez que votre scénario s'est enlisé parce qu'il y a trop de dialogues et pas assez d'actions, vous devriez commencer votre réécriture en éliminant toutes les sections d'exposition. Chercher les moments où les personnages se justifient et entament de longs discours qui vous permettent de dresser un portrait psychologique de leur passé. Supprimez ces passages.

Puis, vérifiez l'utilisation des flash-back. Si certains d'entre eux donnent des éléments d'exposition plutôt que des éléments dramatiques, supprimez-les. Analysez ensuite les temps forts qu'il vous reste dans l'histoire. Est-ce qu'il y a un catalyseur clair qui motive le personnage ? Si ce n'est pas le cas essayez de créer un point de crise d'ordre visuel qui va forcer le personnage à agir.

Analysez ensuite les actions de votre histoire. Si vous en retirez quelques unes dans l'exposition, il n'en restera peut-être pas beaucoup. Si c'est le cas, regardez de nouveau les passages de l'exposition que vous avez supprimés pour voir si certaines actions mentionnées ou suggérées pourraient être accomplies par votre personnage. Si c'est le cas remplacez ces dialogues d'exposition par ces actions.

Observez le but de votre personnage. A-t-il été établi à l'Acte Un ? Est-il clair ? Lorsque le personnage atteint son but, est-ce que l'on sait que l'histoire est finie ? Est-ce que le climax et le but sont les mêmes (ce qui est presque toujours le cas) ? Est-ce que les buts sont clairs aussi bien dans les intrigues secondaires que dans l'intrigue principale ? Est-ce qu'ils sont tous résolus vers la fin du scénario ?

Lorsque vous vous serez concentré sur les images et l'action, regardez à nouveau les sections que vous avez enlevées de votre histoire. Il se peut qu'il y ait dans l'exposition, ou même dans les flash-back des renseignements pertinents qui doivent figurer dans votre scénario. S'ils étaient présentés dans de longs discours, essayez de les réduire à une phrase ou deux. Au lieu de les placer tous dans une scène, ce qui risquerait de la rendre bavarde et de ralentir l'histoire, éparpillez-les dans votre scénario en particulier à l'Acte Un et à l'Acte Deux. Si certains de ces passages donnent des renseignements sur les personnages par le dialogue, essayez d'y substituer une image ou une action.

En mettant au jour l'essence de l'histoire et de votre personnage en supprimant des renseignements, cela sera plus facile de voir ce qui ralentit l'histoire et ce qui est essentiel pour lui donner de la clarté et du mouvement. Puis posez-vous les questions suivantes :

> Est-ce que mon personnage est motivé par l'action ou par la parole ? Entre-t-il dans l'histoire à un moment clair ? Savons-nous pourquoi il se décide à agir ?
>
> Quel est le but de mon personnage ? S'agit-il d'un but suffisamment irrésistible pour le motiver pendant les trois actes ?
>
> Est-ce que mon personnage cherche à atteindre son but de façon active ou passive ? Est-ce que l'action correspond aux besoins de la ligne narrative ? S'il s'agit d'un film d'action-et-d'aventure, est-ce que j'utilise des actions fortes et dramatiques ? Si c'est une histoire sur les relations entre les gens, est-ce que j'ai trouvé des moyens plus subtils de faire avancer l'action ?
>
> Est-ce que les flash-back, les longs discours d'exposition et l'histoire antérieure que j'ai utilisés sont absolument essentiels ? Est-ce que je suis parvenu à condenser ou même à supprimer mes données chaque fois que cela était possible ?
>
> Puis-je parler clairement de la courbe dramatique de mon personnage en quelques mots ? Est-ce que la façon dont la courbe dramatique de mon personnage agit sur la courbe dramatique de l'histoire est claire ?

De nombreux scénarios, en particulier ceux écrits par des auteurs débutants, s'enlisent à cause d'un trop grand nombre de renseignements. Si on les supprime, le scénario va souvent immédiatement retrouver de la vitalité.

La motivation, l'action et le but donneront une impulsion et une direction à un scénario. Mais il faut leur ajouter l'élément principal de toute histoire dramatique : le conflit.

CHAPITRE DIX

TROUVER LE CONFLIT

Il n'est pas inhabituel qu'un chef de développement demande à un scénariste de renforcer son histoire, de lui donner plus de vie ou de se plaindre qu'elle est vraiment trop plate. En fait, ce qu'il veut dire c'est que ce scénario manque de conflit.

Le conflit est le fondement même du drame. C'est le matériau à partir duquel on crée un drame. Un roman peut être intériorisé et « léger ». Un poème peut être orné et élogieux, mais un drame a besoin de mordant et « d'affrontements ». C'est le cas, que vous soyez en train d'écrire un film d'action-et-d'aventure, une romance comique, un sitcom chaleureux ou une fantaisie de science-fiction. Le conflit est l'ingrédient principal de toute forme dramatique. Un drame ne peut pas traiter de personnages qui sont gentils les uns avec les autres ou qui évitent les confrontations. Dans les bons drames, les personnages entrent dans une dynamique relationnelle qui accentue leurs différences. Ils se confrontent, se battent, se querellent, se persuadent et essaient d'imposer leurs points de vue, leurs décisions et leurs actions à des gens qui ne voient pas les choses de la même façon.

Le conflit a lieu lorsque deux personnages ont des buts mutuellement exclusifs et que l'un d'entre eux seulement l'emportera. Nous allons observer le protagoniste et l'antagoniste se battre pour atteindre leurs buts. D'autres personnages entrent également en conflit avec eux, ce qui crée des conflits relationnels à l'intérieur des scènes individuelles.

Il y a différentes sortes de conflits et certains d'entre eux sont meilleurs que d'autres d'un point de vue dramatique. Les bons scénarios utilisent un grand éventail de conflits exprimés de façons différentes.

On peut recenser cinq catégories de conflits : les conflits internes, relationnels, sociaux, situationnels et cosmiques. Certains fonctionnent mieux que d'autres car ils sont d'ordre dramatique.

LES CONFLITS INTERNES

Lorsque les personnages ne sont pas sûrs d'eux, de leur action, ou de ce qu'ils désirent, ils éprouvent un conflit interne. Ce type de conflit fonctionne bien dans les romans lorsqu'un personnage peut se confier au lecteur, partager son sentiment d'insécurité et ses incertitudes. Cela tend cependant à être plus problématique dans les drames.

Les scénarios utilisent une voix off ou une réplique d'exposition pour exprimer leur conflit interne, mais si ces procédés ne sont pas utilisés parcimonieusement, ils peuvent facilement rendre l'histoire bavarde.

Il arrive qu'un personnage exprime ses conflits internes en confiant ses sentiments à quelqu'un d'autre, ce qui peut fonctionner si cela est fait à nouveau parcimonieusement. Cependant pour fonctionner correctement ce conflit interne doit être projeté vers l'extérieur. Dans *Tootsie*, Michael confie brièvement ce qu'il éprouve sur sa nouvelle personnalité à son colocataire Jeff.

MICHAEL

Si seulement je pouvais être plus belle, j'ai l'impression que Dorothy est une personne tellement belle, peut-être que si je lui donnais une coupe de cheveux plus douce…

Remarquez à quel point cette confidence est brève. Michael aurait pu continuer à raconter ses sentiments d'insécurité à Jeff. Au lieu de cela, il laisse se développer son conflit interne qui prend alors une forme plus relationnelle. Michael et Jeff doivent faire face à l'existence fictive de Dorothy.

Le téléphone sonne, Jeff se penche pour le prendre.

MICHAEL

Non laisse sonner !

JEFF

Pourquoi ?

MICHAEL

C'est peut-être pour Dorothy.

JEFF

Pourquoi, tu leur as filé ce numéro ?

MICHAEL

J'étais forcé. La régie doit pouvoir me joindre pour des questions de planning.

JEFF

Je décroche, on verra.

MICHAEL

Non, non, non. Je ne veux pas qu'on pense que Dorothy vit avec un homme, c'est impensable. Non, non, non, cette fille-là habite seule.

JEFF

C'est peut-être pour moi et c'est peut-être important, t'as qu'à prendre la voix de Dorothy.

MICHAEL

J'aurais l'air fin en Dorothy si jamais c'est Sandy.

JEFF

Et si c'est Diane, comment lui expliquer qu'il y a une femme ici ?

Le téléphone arrête de sonner, Michael retourne à la table.

MICHAEL

Il n'y a qu'une solution, demain on s'abonne à un service.

JEFF

(se lève et prend son manteau)

Ca prend trois jours. Ecoute, tu sais quand tu as joué Cyrano, tu m'as filé un méchant coup de sabre sous le bras à travers le divan, j'ai été cool, j'ai rien dit. Quand tu as fait Quasimodo en boitillant avec ta fausse bosse et en gueulant Notre-Dame de Paris, j'ai été cool, j'ai rien dit. Mais ce soir, je ne vois pas pourquoi je devrais rester là en faisant semblant de n'être pas là parce que toi « tu n'es pas ce genre de fille » !

Et sur ce Jeff quitte l'appartement.

Ici nous voyons un moyen d'utiliser un conflit interne qui consiste à le projeter vers l'extérieur sur une personne ou un objet. En le projetant vers l'extérieur, le conflit devient relationnel et par conséquent on peut plus facilement observer l'histoire dramatique se dérouler. Par exemple quelqu'un de frustré à cause de son travail peut rentrer chez lui et donner un coup de pied au chien et celui-ci va le mordre. Le conflit a été ainsi projeté vers l'extérieur et réside désormais entre cet individu et son chien.

LE CONFLIT RELATIONNEL

La plupart des conflits sont centrés sur les buts mutuellement exclusifs du protagoniste et de l'antagoniste. Dans *Witness*, le conflit réside essentiellement entre John Book et Paul Schaeffer. Dans *SOS fantômes,* le Docteur Peter Venkman et les agents de centre d'Expérimentations en Activités Paranormales entrent en conflit sur la façon de maîtriser les fantômes dans le Centre de Confinement. Dans *Impitoyable*, le conflit principal se passe entre Will Munny et le shérif et dans *Le Silence des agneaux* entre Clarisse Starling du FBI et un tueur qui commet des meurtres en série.

Dans *The African Queen*, le conflit réside dans la différence d'opinions entre Rose et Allnutt sur la décision qu'ils doivent prendre à la mort du frère de Rose. C'est ce conflit qui fait avancer l'histoire. Rose suggère à Allnutt de fabriquer une torpille pour se venger des Allemands qui ont détruit le village et tué son frère.

ALLNUTT
L'ennui c'est qu'on n'a rien à torpiller.

ROSE
Oh mais si.

ALLNUTT
Quoi donc ?

ROSE
Le Louisa.

ALLNUTT
Le Louisa, ne dites pas de bêtises Miss. C'est impossible on ne peut pas descendre la rivière.

ROSE
Si Spengler l'a fait, nous le pouvons aussi.

ALLNUTT
Il l'a fait en canoë, Miss.

ROSE
Si un Allemand l'a fait, nous pouvons le faire.

Et naturellement Rose gagne le conflit et ils partent torpiller *Le Louisa.*

Il y a bien d'autres conflits tout au long de l'histoire : Allnutt boit. Ils se demandent qui va dormir sous la pluie, comment ils vont descendre les rapides et comment ils vont parvenir à sortir des marais. Et, au fur et à mesure que l'histoire progresse, le conflit lié à la menace allemande s'intensifie alors que celui qui a lieu entre Rose et Allnutt s'estompe car ils tombent amoureux.

LE CONFLIT ET LA SOCIETE

De nombreux « Films-de-la-semaine » et de nombreux longs métrages traitent d'un conflit entre une personne et un groupe. Il peut s'agir de la bureaucratie, du gouvernement, d'un gang, d'une famille, d'une agence, d'une coopération, d'une armée ou même d'un pays. Pensez aux nombreux films qui dressent une personne contre un système plus vaste : *The Killing Fields (La Déchirure*) qui traite de Dith Pran et des Kmers rouges ; *La Guerre des étoiles* où Luke, la Princesse Leia et Han Solo se dressent contre l'Empire du Mal et *Out of Africa* où une partie des conflits se déroulent avec les colonies dirigées par les Britanniques. A chaque fois que les thèmes ont quelque chose à voir avec la justice, la corruption ou l'oppression, le conflit sera vraisemblablement lié à la société.

Dans la plupart des conflits avec la société, une ou deux personnes représentent en général un groupe plus vaste. Dans *The African Queen*, Rose ne pourrait pas se venger de la nation allemande entière, mais elle peut essayer de combattre ce qui symbolise la présence de l'Allemagne : *Le Louisa.* Dans *Autant en emporte le vent*, la guerre civile et ses « sacrés Yankees » empêchent Scarlett d'atteindre ses buts parce que la guerre à tout moment pourrait tuer l'homme qu'elle aime : Ashley Wilkes. Mais des personnages spécifiques à des moments variés personnalisent le conflit. Rhett Butler ne donnera pas d'argent à Scarlett pour sauver Tara. A Atlanta, elle n'aura pas le droit de participer au bal du Charity Bazar et un soldat Yankee essaie de voler ses biens. Chacune de ces situations donnent une dimension plus importante au conflit principal. Si le conflit a lieu entre une personne et le groupe, il risque de devenir trop abstrait. Il faut mieux commencer par un conflit social et le transformer rapidement en un conflit spécifique entre deux individus.

Dans *Les Dents de la mer* le conflit semble être entre Martin Brody et les responsables de la ville mais il évolue rapidement vers un conflit plus spécifique entre Martin et Vaughn. La première moitié du film traite de ce conflit avant que ne commence le conflit excitant de l'homme contre la bête dans la deuxième moitié du film.

Cette scène commence peu après que le premier requin ait tué quelqu'un. Le Maire, Larry Vaughn et plusieurs autres représentants de la ville arrivent.

VAUGHN

Où allez-vous avec tout cela ?

HENDRICKS

Vous n'êtes pas au courant ? Un requin a attaqué sur la grande plage ce matin, Monsieur le Maire. Il y a eu mort d'homme. Il faut fermer toutes les plages.

Hendricks continue à faire un geste qui donne l'idée de fermer la plage. Vaughn, Ben Meadows, et le coroner Santos ainsi que deux représentants de la ville échangent des regards horrifiés mais on comprend que ce n'est pas la nouvelle de l'attaque du requin qui les effraie.

VAUGHN

Martin, vous comptez faire fermer les plages de votre propre autorité ?

BRODY

Parce que j'ai besoin d'en référer à quelqu'un d'autre ?

MEADOWS

En théorie, il faut un arrêté municipal ou l'avis favorable des autorités...

VAUGHN

Ca c'est la version officielle. Mais en réalité ce que nous souhaitons éviter c'est que vous déclenchiez un mouvement incontrôlable. C'est le premier été que vous passez ici ?

BRODY

Oui, pourquoi ?

VAUGHN

J'aimerais que vous soyez conscient qu'Amity est une station balnéaire, et que nous c'est dans les dollars qu'on se baigne, si le public ne veut plus se baigner chez nous, il est fichu de se rabattre sur les plages de Cape Cod ou de Long Island.

BRODY

C'est tout de même pas une raison pour servir du hachis parmentier au menu.

MEADOWS

Nous ne sommes même pas sûrs de ce que c'était.

BRODY

Qu'est-ce qui aurait pu provoquer cela, d'après vous ?

VAUGHN

(au docteur Santos)

Peut-être une hélice.

DOCTEUR

Je dois reconnaître qu'en effet c'est une hypothèse... oui cela peut être un bateau.

VAUGHN

Une baigneuse décide de faire quelques brasses, présume de ses forces, elle a trop bu et là un bateau passe...

BRODY

Ce n'est pas ce que vous m'avez dit au téléphone.

DOCTEUR

Je me trompais, d'ailleurs je rectifierai le rapport.

VAUGHN

Martin, tout ça c'est psychique. Vous criez « barracuda » tout le monde va dire « Hein ? Quoi ? ». Vous criez « requin » et c'est la panique générale pour la fête nationale.

Le conflit a été clairement établi : d'une part, l'intégrité de Brody et sa préoccupation pour la sécurité des vacanciers et d'autre part, les préoccupations des responsables de la ville qui veulent assurer un succès commercial pour l'été.

LES CONFLITS SITUATIONNELS

Dans les années soixante-dix, il y a eu beaucoup de films catastrophes où les personnages devaient faire face à des situations de vie ou de mort. Bien que ce type de situations crée des tensions et du suspense, la plupart des conflits étaient traités de façon relationnelle. Dans *Airport*, *The Poseidon Adventure* (*L'Aventure du Poséidon*), *The Towering Infernal (La Tour infernale)* ou même *A Night to Remember*, (*Atlantique latitude 41°*), la situation devient infernale. Les conflits relationnels se développent au fur et à mesure que les personnages se querellent sur la meilleure façon de parvenir à survivre. A l'intérieur de chaque scène, les différents points de vue émergent. Certains personnages sont pris de panique, d'autres deviennent des leaders et essaient de persuader le groupe de les suivre. Puis les conflits sont individualisés, certaines personnes luttent contre l'idée d'abandonner l'un des membres de leur famille qui est en train de mourir, les enfants décident de désobéir à leurs parents et les conflits séculaires de générations émergent à cause de cette pression.

Sans ces conflits relationnels, les conflits situationnels seraient difficiles à maintenir longtemps. On ne peut pas lutter indéfiniment contre un ouragan, une tempête de neige, le feu ou un bateau qui sombre. Si vous voulez que le public ne relâche pas son attention, vos conflits situationnels devront être personnels et relationnels.

LES CONFLITS COSMIQUES

Lors de très rares occasions, un conflit est traité entre un personnage et Dieu, ou le diable, ou un être invisible. Je ne parle pas ici d'une humanisation de Dieu ou de Satan comme dans *The Devil and Daniel Webster,* où le conflit est relationnel plutôt que cosmique parce que c'est essentiellement un conflit entre deux êtres humains.

Un conflit cosmique se produit entre un personnage et une force surnaturelle. *King Lear* enrage contre ces puissances. Salieri dans *Amadeus* déclare la guerre à Dieu parce qu'il a créé le brillant Mozart. Dans *Job*, celui-ci questionne les forces cosmiques et se querelle avec elles.

A chacune de ces occasions, le conflit est projeté sur un être humain. Salieri est peut-être en colère contre Dieu mais il s'en prend à Mozart. King Lear est furieux contre l'injustice cosmique mais la cause immédiate de ses problèmes sont ses deux filles qui complotent contre lui. Et Job se querelle sur autant de sujets avec ses amis qu'avec Dieu.

Afin d'observer le développement du conflit, nous avons besoin de voir le personnage projeter ses problèmes avec une force invisible sur un être humain qui se trouve sur son chemin.

LES PROBLEMES AVEC LE CONFLIT

Vous pouvez rencontrer de nombreux cas de problèmes liés aux conflits. S'il y a trop de conflits, le sujet principal de l'histoire perd de sa clarté. Si le personnage principal a trop d'antagonistes, on ne sait plus ce qui se passe. Parfois le conflit change d'une section du scénario à la suivante. Si les conflits sont faibles, il n'y aura pas de ligne directrice suffisamment captivante pour donner une cohésion à l'histoire.

Les problèmes de conflit sont particulièrement importants dans les adaptations cinématographiques de romans. La plupart des romans sont des narrations. Le roman nous entraîne vers la psychologie des personnages. Nous apprenons comment ils pensent, ce qu'ils ressentent, et ce qui a de la valeur pour eux. Nous voyons comment ils affrontent leurs problèmes. Et nous découvrons pourquoi ils ne sont pas sûrs d'eux, quels sont leurs obsessions et leurs sujets d'intérêt. Ceci crée des personnages intéressants. Mais cela crée aussi des problèmes lors de l'adaptation cinématographique.

Dans la plupart des romans, on a un conflit intériorisé et non relationnel. Il peut même y avoir trop de conflits dans le cas des romans épiques. Parfois, le conflit principal ne fonctionnerait pas au cinéma parce qu'il est trop abstrait ou trop intellectuel, ou bien parce qu'il ne susciterait pas suffisamment d'intérêt auprès du grand public.

Certains films ont plutôt une qualité narrative que dramatique. De nombreux films utilisent des voix off, ce qui est un procédé littéraire. Les réflexions en voix off de Charlie dans *Mosquito coast*, le narrateur qui se souvient du passé dans *Stand by Me*, (adapté de l'histoire intitulée *The Body* de Stephen King) ou la voix off au début de *Out of Africa*, sont des procédés destinés à présenter des moments difficiles à exprimer dramatiquement.

Si un personnage principal n'a pas un opposant de force égale, l'histoire aura l'air d'être plus narrative que dramatique. Remarquez la différence dans les scènes de *Mosquito Coast* lorsque qu'Allie entre en conflit avec le missionnaire, avec les scènes plus narratives où ils construisent des bâtiments, font de grands discours, voyagent, arrivent quelque part ou repartent.

Dans de nombreux films adaptés de romans, le conflit change à chaque acte au lieu d'évoluer du début à la fin. Souvenez-vous de *Out of Africa* lorsque le conflit à l'Acte Un se déroule essentiellement entre Bror et Karen, et les développements du conflit entre Denys et Karen ont lieu à l'Acte Deux.

Lorsque le conflit relationnel ne progresse pas tout au long de l'histoire, certains cinéastes cherchent à créer une cohésion grâce au thème. *Out of Africa* et *Mosquito Coast* sont des films thématiques dans lesquels le thème reste le même pendant les trois actes, même si le conflit change. Cependant utiliser l'aspect thématique pour créer une cohésion renforce la qualité narrative au lieu d'accentuer la ligne directrice dramatique de l'histoire.

J'ai découvert une méthode pour adapter les romans qui consiste à renverser la ligne narrative de l'intrigue et celle de l'intrigue secondaire. Un roman suit en général la vie intérieure du personnage, et cela peut devenir la ligne narrative d'une intrigue secondaire plus petite. Par contre, les intrigues secondaires plus relationnelles peuvent être développées pour devenir des lignes directrices relationnelles plus fortes.

Lorsque j'ai travaillé sur le best-seller *Christy,* nous avons été confrontés à ce problème. Le thème principal de ce roman de 500 pages est la quête d'identité de Christy et sa quête de Dieu. Ce thème est développé à partir de l'histoire d'une jeune fille qui se rend dans les Appalaches en 1912 pour donner des cours aux enfants. Une fois là, elle lutte avec les enfants de l'école, avec un prêtre et un docteur, et elle doit faire face à une ancienne vendetta qui menace le style de vie et les vies des gens de la communauté.

Dans le roman, cette vendetta ne donne lieu qu'à une petite intrigue secondaire qui se développe tout au long de l'histoire. En retravaillant la structure de ce roman, nous avons fait passer celle-ci au premier plan afin de donner le plus de dynamisme possible à l'histoire. Cependant dans le roman, Christy est plutôt observatrice que participante. Nous savions que nous devions la rendre plus active dans la résolution de ce conflit. Nous avons donc créé une intersection entre cette vendetta et sa relation avec les enfants, en faisant ressortir certains temps forts qui n'avaient été que suggérés dans le livre. Nous avons fusionné des scènes et des personnages du livre, en faisant de Christy la figure de catalyseur au lieu d'utiliser l'un des personnages mineurs du roman. En créant un lien plus étroit entre Christy et cette vendetta, nous avons réussi aussi à donner de l'importance aux thèmes du pardon, de l'engagement et de la découverte de soi. *Christy* a fait ses débuts comme série de télévision au printemps 1994. Et dans cette catégorie de nombreux conflits peuvent être rendus spécifiques et relationnels.

Etre fidèle au livre signifie souvent équilibrer les intrigues secondaires et les intrigues principales d'une façon nouvelle et plus dramatique, faire ressortir les conflits qui ne sont que suggérés dans le livre et assembler les scènes différemment afin que le conflit soit clair dans chaque acte. Cela signifie également donner constamment une texture à chaque scène afin que le conflit soit une ligne narrative claire tout au long de l'histoire.

APPLICATION

Dans le dernier chapitre nous avons parlé de la relation entre la motivation, l'action et le but. Maintenant nous pouvons ajouter un élément supplémentaire à cette ligne narrative : le conflit.

Lorsque vous définissez le conflit de votre film, essayez d'exprimer clairement le but de l'antagoniste et du protagoniste en fonction de ce facteur conflictuel. Si je devais schématiser la ligne narrative de *Witness*, nous aurions ceci :

MOTIVATION	ACTION	BUT	CONFLIT
John Book a pour mission de trouver un assassin.	Il se cache dans une ferme Amish et essaye de trouver un moyen	de révéler que Paul est l'assassin.	John veut révéler que c'est Paul l'assassin.
Paul est incriminé par John.	Paul essaye de tuer John, de le trouver et de se mettre à sa recherche.	de tuer John avant que celui-ci ne révèle que c'est lui l'assassin.	Paul *veut* tuer John avant que celui-ci ne révèle que c'est lui l'assassin.

Remarquez que ce que John veut est diamétralement opposé à ce que Paul veut. Plus vous pourrez montrer clairement ce type de conflit, plus il sera fort.

En travaillant le conflit, trouvez des moyens de l'exprimer dans des termes émotionnels et visuels forts. D'après la méthode de Stanislavski, on apprend aux acteurs à formuler leurs objectifs principaux pour un rôle dans des termes qui soient jouables et dramatiques. Par exemple, si l'objectif d'une scène est d'obtenir des renseignements, un acteur peut formuler ce but ainsi: « Je veux essayer d'obtenir des renseignements », ce qui est faible et ne suscitera pas d'action dramatique. Par contre, s'il formule son but de la façon suivante : « Je suis prêt à n'importe quoi pour lui soutirer chaque milligramme de renseignement », on aura une bien meilleure scène.

Une fois que vous avez clairement établi le but du protagoniste et de l'antagoniste, et que vous l'avez formulé de façon à ce que nous puissions clairement voir pourquoi ils sont en conflit, commencez à observer vos personnages. Vous pouvez nuancer une grande partie du conflit à l'intérieur des scènes en utilisant des conflits plus petits entre des personnages secondaires et les personnages principaux. Si votre antagoniste est un personnage de la Mafia, il se peut que son chauffeur ou son garde du corps ne soit pas d'accord avec lui. Ils se querellent sur la façon de traiter un autre mafioso : l'un d'entre eux voudra le tuer alors que l'autre veut juste obtenir des renseignements. Ou bien le tailleur du mafioso, ne sera pas d'accord sur le costume que celui-ci devrait porter. Ou encore son épouse se met à soupçonner quelque chose qu'il ne veut pas qu'elle sache.

Dans la plupart des scénarios, vous aurez souvent l'occasion de créer ce genre de texture. Puis lorsque vous analyserez le conflit de votre scénario posez-vous les questions suivantes :

Qui est mon protagoniste et qui est mon antagoniste ? Quel est leur conflit ? Est-il relationnel ? Est-il lié à la société ? Est-il situationnel ou cosmique ? Est-ce que j'ai exprimé l'essentiel de ce conflit de façon relationnelle ?

Comment est-ce que le conflit est exprimé ? Est-ce que j'utilise des images et de l'action aussi bien que des dialogues pour montrer le conflit ? Ai-je créé de petits conflits entre les personnages qui donnent plus de mordant à la scène ?
Y a-t-il un conflit général qui définit le sujet de l'histoire ? Est-ce qu'il est lié à la fois à ma ligne narrative et à l'essence de mon personnage ?

Les conflits peuvent être utilisés pour exprimer des jeux de pouvoir, des désaccords, des points de vue, des attitudes, des philosophies et des objectifs différents. Alors qu'un seul conflit devrait être le centre de l'histoire du début à la fin, souvenez-vous d'utiliser des conflits plus petits dans chaque scène. Ils donneront à votre histoire de l'intérêt, du mordant et une dimension supplémentaire.

CHAPITRE ONZE

CREER DES PERSONNAGES DIMENSIONNELS

Les critiques aiment massacrer un film en disant que le personnage n'évolue pas. **Le développement** des personnages est essentiel à une bonne histoire. Lorsque le personnage progresse de la motivation au but, il faut que quelque chose se passe. Un personnage bien défini gagne quelque chose en participant à l'histoire, et l'histoire bénéficie de l'engagement de ce personnage.

Nous avons parlé plus haut de la façon dont Rose modifie la direction de *The African Queen* grâce à sa personnalité, sa volonté et sa détermination. On trouve une relation similaire entre les personnages et l'histoire avec Edna dans *Les Saisons du coeur*, Martin et Matt dans *Les Dents de la mer* ou Oskar dans *La Liste de Schindler*.

Parce que ces personnages sont non stéréotypés et dotés d'une certaine dimension, ils sont capables de se développer. Ils sont transformés sous l'influence de l'histoire et des autres personnages, de leurs conseils, leurs leçons, leurs luttes, leurs confrontations sur certains sujets et même grâce à la pression que ceux-ci ont exercé sur eux.

Nous avons tous vu des personnages stéréotypés qui sont définis par leur aspect physique. Ce type de personnage est unidimensionnel. On peut en général les décrire en un ou deux mots : la blonde idiote ; le détective macho ; le garde du corps musclé ou le modèle voluptueux. Parfois, ces personnages n'ont qu'un petit rôle dans l'histoire et ils ont une fonction simplement décorative. Mais parfois il s'agit de personnages principaux et ils limitent le film parce qu'ils sont eux-mêmes limités. Des personnages bien définis ont plus d'ampleur. Nous voyons différentes facettes de leur personnalité. Nous comprenons comment ils pensent, nous les voyons agir et nous pouvons nous faire une idée de leur nature psychologique grâce à leurs réactions.

Les pensées, les actions et les émotions pourraient être définies comme les trois dimensions d'un personnage.

La plupart des films ne donnent pas toute l'ampleur nécessaire à une ou deux de ces dimensions. Ils en accentuent une, ce qui crée un personnage type, qui correspond à une seule catégorie. *James Bond* est un personnage type. C'est un héros. Il est défini par l'action. Nous savons peu de choses sur son attitude (si ce n'est qu'il aime les belles femmes). Sa vie émotionnelle n'a pas d'importance et elle est presque inexistante. Vous ne verrez jamais James Bond pleurer, montrer de la peur, de l'insécurité, de la colère. Il sera toujours décontracté.

Nous avons tous vu d'autres personnages types, la veuve pleureuse qui n'est qu'émotions, l'érudit pontifiant qui n'est que philosophie, le héros sauveur qui n'est qu'action.

Chacune de ces catégories peut faire l'objet de sous-divisions. *Penser* correspond à la philosophie d'un personnage, ses valeurs, ses attitudes et son point de vue. *Agir* correspond aux actions et aux décisions qui conduisent à ces actions. Et les *émotions* comportent la nature émotionnelle d'un personnage ainsi que ses réactions émotionnelles. Avec n'importe quel personnage bien défini il se peut que l'une de ces catégories soit plus forte, mais chacune d'entre elles contribuera à créer un personnage tridimensionnel.

PHILOSOPHIE ET ATTITUDE

La philosophie est ce qui est le plus difficile à décrire. Les personnages qui sont trop définis par leur philosophie, deviennent abstraits, bavards, complaisants et en général ennuyeux. Cependant, chaque personnage dimensionnel a une philosophie. Les personnages croient en quelque chose : la religion, les droits de la femme, la libération des homosexuels, Dieu, leur mère ou la tarte aux pommes. Ce en quoi ils croient aura un effet sur leurs actions. Un personnage qui croit au mouvement de libération des homosexuels va participer à des manifestations, il peut en parler abondamment, ou bien il est lui-même homosexuel. Cette philosophie va trouver une forme dramatique dans les actions qu'il accomplit.

Les personnages ont une *attitude* particulière envers la vie. Ils peuvent être cyniques, positifs, insouciants ou agressifs. Tous les bons personnages prennent une certaine position dans la vie. Certains auront une attitude saine, d'autres seront névrosés. Ils seront confiants ou au contraire peu sûrs d'eux. Ils regarderont la vie à travers des lunettes roses ou grises. Leur attitude aura un effet sur les actions qu'ils prendront et leur façon d'agir avec les autres personnages.

On connaît la vérité sur un personnage par son attitude et ses actes et non par sa philosophie. Si la philosophie d'un personnage et ses actes sont en conflit, il s'agit d'un hypocrite. Si je vous dis que j'aime l'humanité et que malgré cela je garde tout le monde à une certaine distance, que je m'évertue à rendre la vie des autres malheureuse, il est évident que c'est mon attitude et mes actes qui me définissent et que ma philosophie n'est que paroles.

Il est plus facile de représenter dramatiquement une attitude qu'une philosophie. On l'exprime plus facilement par une action. Ce n'est pas vraiment difficile de montrer de la compassion, de l'amour, de la réceptivité ou du cynisme. Mais le danger aussi bien de la philosophie que de l'attitude d'un personnage est le risque que celui-ci les exprime par ses paroles au lieu de ses actes.

DECISIONS/ACTIONS

L'action correspond à l'élan vital d'une histoire dramatique. Dans un roman nous pouvons nous concentrer sur les sentiments, les attitudes et les croyances. Dans une histoire dramatique nous nous concentrerons sur l'action. L'action est divisée en deux parties : la décision d'agir et l'action elle-même.

Lorsque nous regardons les films nous ne voyons en général que l'action, cependant c'est la décision d'agir qui nous aide à comprendre comment l'esprit du personnage fonctionne. Le moment de la décision, c'est-à-dire, si l'on doit tirer sur la gâchette, accepter une mission, ou s'engager dans une relation, est en général une étape de révélation importante du personnage.

Dans *Tootsie*, il y a une bonne scène de comédie lorsque Michael doit décider rapidement ce qu'il doit faire. Il attend Sandy pour l'emmener dîner et pendant qu'il l'attend il remarque dans l'armoire de Sandy une « mignonne petite robe » qui serait « très bien » pour Dorothy. Il décide de l'essayer juste au moment où Sandy entre dans la chambre. Ce moment est susceptible d'être mal interprété à moins que Michael prenne une décision et agisse rapidement :

SANDY
(ouvrant la porte)
Tu sais Michael on peut rester ici si tu préfères...

Elle voit Michael, le pantalon baissé et elle réagit. Michael se redresse, essaie de cacher ses jambes et de trouver quelque chose à dire.

MICHAEL
Sandy… J'ai envie de toi.

SANDY
(surprise)
Tu as envie de moi ?

MICHAEL
(se traînant vers elle, le pantalon aux chevilles, les bras tendus)
J'ai envie de toi.

Et nous rions car Michael a su réagir vite.

John Book dans *Witness* décide de ne pas faire l'amour avec Rachel le soir où il a aidé la communauté à construire une grange, et il s'agit d'un des moments les plus forts du film. Rose dans *The African Queen* décide de permettre à Allnutt de dormir sous l'auvent avec elle, pour échapper à la pluie et c'est cette décision qui annonce le changement dans leur relation. Sam Gerard dans *Le Fugitif* décide de ce qu'il va faire et de comment il va le faire tout au long du film.

Les décisions doivent conduire à des actions spécifiques. Les personnages doivent être actifs. C'est le travail du personnage principal de faire avancer l'histoire, par ses actions. Les personnages peuvent être actifs de nombreuses façons différentes. Ils peuvent chercher, enquêter, découvrir quelque chose, être plus intelligents que les autres, planifier des stratégies, transformer les autres ou eux-mêmes, créer de nouveaux environnements, manipuler les autres, se venger et redresser un tort. Quelle que soit l'action il est important que celle-ci ait la capacité de faire progresser l'histoire, qu'elle occupe un certain nombre de temps forts pour être exécutée et qu'elle ait une incidence sur l'histoire.

Dans certaines histoires, le personnage est d'abord présenté comme quelqu'un de passif. Il est affecté par l'histoire de ce récit qui l'incite à partir dans une direction particulière. Dans ce type de situation, il faut qu'à un certain moment le personnage principal prenne la direction des opérations. Il doit commencer à renverser les forces quelque part avant le milieu de l'histoire. Il doit faire en sorte d'infléchir le cours de l'histoire au lieu d'être à sa merci.

LA VIE EMOTIONNELLE / LES REACTIONS EMOTIONNELLES

Les émotions souvent sont oubliées ou limitées à de simples larmes ou de la colère. Cependant les émotions de même que l'attitude d'un personnage contribuent à le caractériser. Une attitude cynique peut donner lieu au désespoir, à la dépression ou à un retrait de la vie. Il peut être boudeur, amer ou en colère. Un personnage qui a une attitude positive va sourire et rire souvent. Il sera toujours optimiste et accessible. Il ira vers les autres. Par contre, un personnage qui aura du mal à accéder à ses propres émotions sera froid, dur, hostile et il pourra même rechercher la vengeance.

Les personnages sont caractérisés par leur vie et leurs réactions émotionnelles. Des situations extraordinaires suscitent des réactions émotionnelles extraordinaires. Un personnage qui est en général heureux peut se mettre en colère contre une injustice qui a été commise. Un personnage désespéré peut rencontrer l'amour et de nouvelles réactions émotionnelles émergeront. Certains films montrent des personnages avec un éventail émotionnel très étroit. Nous savons rarement comment Karen Blixen se sent dans *Out of Africa*. La plupart du temps qu'il s'agisse de l'incendie de sa plantation ou de son divorce d'avec Bror, elle réagit de façon rationnelle. Elle est plus apte à discuter d'une situation qu'à pleurer, être en colère ou avoir peur. Mais même ses réactions habituelles changent dans des circonstances extraordinaires. Lorsque Denis Finch-Hatten l'emmène faire un baptême de l'air au-dessus d'une Afrique incroyablement belle, les larmes aux yeux, elle lui prend la main pour le remercier.

A l'opposé de ce type de réactions, Tess McGill, dans *Working Girl* a une palette émotionnelle très large. Tout au long du film elle exprime la déception, la colère, la détermination, l'anxiété et la joie. Ses réactions émotionnelles nous attirent vers ce personnage et vers le film.

De nombreux films oublient un temps fort, celui où le personnage se décide à accomplir une action et ils oublient également le temps fort qui montre sa réaction à cette action. Les films montrent souvent des actions puissantes qui ont un impact puissant. Ils montrent l'effet que ces actions ont sur les personnages. On voit parfois un personnage ébranlé mais nous n'avons pas vu la réaction émotionnelle qui justifierait cet état. Ce qu'il ressent suscite de la sympathie de la part du public, et crée une identification avec le personnage. Les émotions nous attirent dans l'histoire et grâce à ces émotions, nous faisons l'expérience du voyage de ce personnage par procuration.

LA CHAINE DIMENSIONNELLE

Ces dimensions créent une séquence émotionnelle qui aide à définir le personnage à chaque niveau. La philosophie du personnage entraîne une attitude particulière face à la vie, qui provoque des décisions qui à leur tour suscitent des actions. Ces actions ont leur origine dans la vie émotionnelle du personnage qui le prédispose à commettre certaines actions plutôt que d'autres. Et ce personnage réagira d'une façon qui lui est propre aux actions des autres personnages.

L'ARC TRANSFORMATIONNEL

Dans les meilleurs films, l'un des personnages au moins est transformé. Les producteurs demandent souvent comment le personnage évolue. Ils reconnaissent qu'une bonne histoire qui a de bons personnages peut influencer et transformer le protagoniste. Tous les films n'ont pas besoin d'un arc transformationnel, cependant ils ont pour ainsi dire tous un personnage qui évolue et il s'agit en général du protagoniste. Pensez aux transformations dans *Impitoyable, Liaison fatale ou La Leçon de piano.* Parfois le personnage principal demeure le même mais les personnages secondaires changent. Dans *Retour vers le futur,* Marty est pour ainsi dire la même personne à la fin qu'au début mais ses parents, George et Lorraine McFly sont devenus des gens très différents.

La transformation d'un personnage peut être extrême, et évoluer vers une situation opposée ou modérée. Il se peut qu'un personnage rigide subisse une transformation complète et qu'il devienne, le boute-en-train spontané à la fin du film, ou il pourra conserver un sens de la discipline mais se relâcher quelque peu. On peut esquisser un arc transformationnel comme celui-ci :

POSITION INITIALE	**POSITION MOYENNE**	**POSITION EXTREME**
George McFly est d'abord un crétin, une mauviette, sous l'emprise de Biff.	Si la transformation n'était que modérée, George aurait gagné de l'assurance mais n'aurait pas renversé la situation avec Biff.	Il est devenu l'opposé de ce qu'il était : confiant, solide, attirant, actif et Biff travaille pour lui.

POSITION INITIALE	**POSITION MODEREE**	**POSITION EXTREME**
Rose dans *The African Queen* est stricte, rigide et à l'air d'une vieille-fille.	Si Rose n'avait atteint qu'une position modérée, un peu rigide, mais avec des moments de spontanéité.	Elle est spontanée, aimante, libre, ouverte et mariée.

Les arcs transformationnels peuvent être subtils. Dans *le Fugitif,* il s'agit pour Sam Gerard d'une transformation d'attitude. Progressivement, nous le voyons évoluer d'une situation initiale où cela ne l'intéresse pas de savoir si Richard Kimble est innocent ou non vers une position d'attention, de respect et il se met à rechercher le manchot pour capturer le criminel.

Dans *La Liste de Schindler,* l'évolution du matérialisme vers l'humanisme se produit dans le sous-texte. Oskar Schindler change lentement d'attitude envers Amon Goethe, les Allemands, les juifs et lui-même. A la fin du film quelque chose de profond se produit et il s'écrie : « J'aurais pu faire plus ! »

Afin que les personnages changent ils ont besoin d'aide, qui provient de l'influence de l'histoire et des autres personnages. Parfois un personnage est un catalyseur de changement pour les autres personnages. Dans *Retour vers le futur,* Marty n'a pas besoin de changer mais ses parents en ont besoin. Marty conserve la même position tout au long de l'histoire mais il est le catalyseur des transformations extraordinaires de ses parents. Dans *La Guerre des étoiles,* la Princesse Leia change peu tout au long de l'histoire. Elle conserve la même position, mais son influence et sa présence créent des transformations chez Han Solo et Luke Skywalker.

Dans d'autres histoires les deux personnages sont transformés. Dans *The African Queen*, Rose devient spontanée et libre et Allnutt qui passait son temps à boire du gin devient sobre et communicatif. Ils accomplissent tous deux un renversement total. Dans *Tootsie*, Michael Dorsey devient un homme meilleur parce qu'il s'est mis dans la peau d'une femme.

Cela prend du temps pour transformer un personnage, quelques pages ne suffisent pas. Il faut en général les trois actes entiers pour obtenir une transformation radicale. C'est un processus, qui s'élabore au fur et à mesure des temps forts afin de construire une transformation progressive. Ces moments montrent les changements de nombreuses façons. Nous voyons l'évolution des décisions prises par un personnage. Il a des réactions émotionnelles liées aux nouvelles situations qui l'incitent à accomplir de nouvelles actions. Il s'adapte aux exigences de l'histoire et aux autres personnages.

Pour comprendre ce processus de transformation, observons les temps forts qui scandent celle de Rose dans *The African Queen*. On peut les présenter ainsi : L'attitude de Rose envers Allnutt et son attitude à son égard commencent par une indifférence totale.

ROSE
(indifféremment)
Bonjour Monsieur Allnutt.

ALLNUTT
Bonjour Mademoiselle.

Pendant un moment, Allnutt regarde Rose avec une désinvolture et une indifférence totale.

Nous pouvons voir à partir de cette section de l'exposition qu'il n'y a pas la moindre trace d'amour entre Allnutt et ses mauvaises manières d'une part et Rose qui est toujours stricte et correcte.

Lorsque le frère de Rose meurt et qu'Allnutt revient pour vérifier comment Rose et son frère vont, la relation a déjà changé. Rose est reconnaissante à Allnutt d'être venu et de l'aider à enterrer son frère.

ALLNUTT

Pendant que je creuse sa tombe, préparez vos affaires.
On se barrera aussitôt.

ROSE

Se barrer ?

ALLNUTT

Les Allemands vont revenir.

ROSE

Pourquoi ? Ils n'ont rien laissé.

ALLNUTT

Oh ils reviendront c'est sûr, ils reviendront chercher *L'African Queen*.

ROSE

Où irons-nous ?

ALLNUTT

J'ai pensé, Miss, qu'on pourrait trouver un coin tranquille, une île alors nous pourrions parler de ce qu'on pourrait faire.

ROSE

(elle fait une courte pause et se décide rapidement)

Je vais préparer mes affaires.
(...) Merci monsieur Allnutt.

ALLNUTT

Vous feriez la même chose pour moi Miss.

Il se demande si elle le ferait vraiment.

Le temps fort suivant qui est important dans l'évolution de leur relation a lieu la première nuit sur la rivière. Rose dort sous l'auvent et Allnutt à l'avant du bateau. Il commence à pleuvoir. Pour rester au sec Allnutt essaie de se mettre à l'abri sous l'auvent sans faire de bruit pour ne pas réveiller Rose. Lorsqu'elle se réveille elle est offusquée et il recule.

Juste alors le tonnerre éclate et il y a des éclairs, Rose est embarrassée et désolée car elle comprend la situation.

ROSE

Monsieur Allnutt, venez vous mettre à l'abri.

ALLNUTT

Désolé de vous avoir fait peur.

ROSE

Ca ne fait rien.

Il se détourne et essaie de s'installer confortablement. Allnutt se recroqueville dans l'espace sec, en faisant de son mieux pour ne pas la toucher tout en restant au sec. Appuyée sur un coude, elle l'observe avec une tendresse virginale, froide et étrange. Des gouttes d'eau éclaboussent son visage endormi. Gentiment, mais de façon inhumaine comme s'il était une petite poupée laide, elle place la couverture au-dessus de lui pour le protéger.

Alors qu'ils descendent la rivière. Allnutt se rend compte que Rose veut vraiment torpiller *Le Louisa.* Lorsqu'il devient saoul, il la traite de « vieille-fille trop maigre, folle et chanteuse d'hymnes » ce qui la rend encore plus déterminée. Le matin suivant Rose vide toutes les bouteilles de gin d'Allnutt par-dessus bord. Rose est en colère et Allnutt essaie de la rendre de meilleure humeur. Il se rase et entretient une conversation banale mais ce n'est que lorsqu'il accepte l'idée de torpiller *Le Louisa* qu'elle cesse de lui opposer un silence obstiné et qu'elle devient de nouveau aimable avec lui.

Ce temps fort correspond à une querelle majeure qu'ils parviennent à surmonter. Leur relation a changé à nouveau, maintenant ils sont d'accord et prêts à accomplir leur mission.

A la fin de l'Acte Un, Rose et Allnutt ont tous les deux déjà progressé vers la transformation. Ils se sont présentés des excuses, ils se sont aidés et l'excitation que lui procure cette aventure donne un certain élan à Rose.

Pendant l'Acte Deux on peut voir un certain nombre de temps forts qui montrent les changements dans leur relation : la première fois qu'ils s'embrassent, la première fois que Rose appelle Allnutt « chéri », ainsi que les aventures et les soucis qu'ils partagent.

Une fois qu'ils dépassent Shona et qu'ils se retrouvent en sécurité de l'autre côté des rapides, Allnutt et Rose célèbrent leur succès, ce qui suscite un nouveau tournant dans leur relation.

ALLNUTT

Les Allemands.

ROSE

Hip hip hip hourra !

ALLNUTT

Nous les avons bien eus n'est-ce pas Miss ? J'aurais pas cru que cela puisse se faire, et bien on leur a montré !

ROSE

Hip hip hip hourra !

Charlie l'embrasse ce qui provoque un silence embarrassé.

ROSE

Ai-je bien dirigé le bateau ?

ALLNUTT

Oui, mieux que bien. Nous manquons de combustible, il vaudrait mieux qu'on s'arrête pour la nuit.

Ils continuent de mener à bien leur plan jusqu'à ce qu'ils se retrouvent coincés dans les roseaux et que tout semble fini pour eux.

ALLNUTT

Vous voulez savoir la vérité ?

ROSE

C'est ça.

ALLNUTT

C'est ça.

ROSE

Même si nous avions toutes nos forces nous n'arriverions pas à sortir de toute cette boue.

ALLNUTT

Il n'y a pas le moindre espoir.

Il passe une main le long de sa joue, elle se rend compte lentement de ce qu'il dit et exprime ses inquiétudes face à la mort.

ALLNUTT

Il faut tenter le coup.

Et à la fin de l'histoire lorsqu'ils sont sur le point d'être exécutés par les Allemands la transformation est complète.

ROSE

Pendez-nous ensemble.

ALLNUTT

Un instant ? Accordez-nous une grâce.

COMMANDANT

Laquelle ?

ALLNUTT

Mariez-nous.

COMMANDANT

Quoi ?

ALLNUTT

Nous voulons nous marier. Un commandant a le droit de marier.

COMMANDANT

Oui.

ROSE

Et bien Charlie, quelle merveilleuse idée !

COMMANDANT

Qu'est-ce que c'est que cette folie ?

ALLNUTT

Vous n'en avez que pour une minute et ça compte tant pour elle.

COMMANDANT

Si vous y tenez.

Il les marie.

COMMANDANT

Je vous déclare unis. Exécutez-les.

L'instant suivant le pont se soulève. Il y a une forte poussée d'air et un rugissement effrayant.

ALLNUTT

Qu'est-ce qui s'est passé ?

ROSE

Nous avons réussi !

ALLNUTT

Mais comment ?

Rose désigne un morceau d'épave qui flotte sur laquelle est écrit « African Queen ».

ALLNUTT

Eh bien… Ca va bien Madame Allnutt.

ROSE

Admirablement bien et vous Monsieur Allnutt ?

ALLNUTT

Pas mal pour un vieux marié.

ROSE

Je suis très émue, Charlie. De quel côté est la rive Sud ?

ALLNUTT

Nous nageons vers elle.

Remarquez comment *The African Queen* ne précipite pas les étapes de la transformation. Rien ne se produit trop rapidement. Les changements ont lieu au fur et à mesure que les personnages sont confrontés à la rigueur de la situation, au fur et à mesure que leurs intentions s'affrontent et finalement se rejoignent et grâce à leur intention à tous deux d'atteindre leur but. Chaque personnage ressent l'influence de l'autre et réagit par de nouvelles actions et de nouvelles émotions. Les gens qu'ils étaient au début de l'histoire sont très différents de ceux qu'ils sont devenus.

The African Queen est un exemple excellent d'une histoire qui influence les personnages et de personnages qui influencent l'histoire. C'est clair, consistant et réaliste. Et c'est pourquoi nous nous intéressons aux changements progressifs qui ont lieu en Rose et Allnutt.

LES DIFFICULTES LORS DE LA CREATION DE PERSONNAGES DIMENSIONNELS

Il y a un certain temps, j'ai travaillé avec un auteur qui avait écrit l'un des grands succès de 1985. Il travaillait sur un autre scénario qui était très complexe et dont le protagoniste était « une belle blonde avec des jambes magnifiques ». En travaillant sur le scénario, il m'est apparu de façon évidente qu'il avait créé un stéréotype qui n'avait ni l'aspect dimensionnel ni l'aspect original de ses personnages masculins. Ceci me surprit car je savais qu'il était un scénariste excellent, un homme libéré, heureux en ménage et dont la femme avait réussi sa vie professionnelle.

Lorsqu'il arriva au rendez-vous, avant même que j'eus l'occasion de parler de son protagoniste il se mit immédiatement à mentionner sa frustration sur ce personnage. Il n'arrivait pas à le rendre crédible. Pourtant il me pria de croire qu'il n'était pas le dernier des machos. Il insista sur le fait qu'il considérait les femmes comme étant dimensionnelles et des personnes entières, qu'il aimait sa femme, et que parmi ses meilleurs amis, il y avait des femmes. Néanmoins il n'arrivait pas à donner vie à ce personnage féminin et il m'assura qu'il était capable de créer de meilleurs personnages.

Alors que nous commencions à travailler ce personnage, je lui dis qu'en fait en la décrivant, c'était lui qu'il avait décrit. Mais puisqu'il avait donné à ce personnage un physique si stéréotypé, il n'y avait plus moyen de lui donner une vraie dimension.

Je lui suggérai alors de commencer par changer la façon dont on allait décrire cette femme. Au lieu de la décrire par sa beauté, on s'efforça de la décrire de la même façon qu'il avait présenté ses personnages masculins. Il les avait décrits en précisant comment ils étaient habillés et en parlant de leur intégrité (ou de leur absence d'intégrité), de leur attitude et de leur regard d'espoir ou de désespoir. Lorsqu'il trouva une description plus réaliste de ce personnage celui-ci acquit plus de dimension.

Le fait de créer des personnages dimensionnels n'est pas facile, cela comporte de nombreux pièges. Parfois les auteurs cèdent à la tentation de regarder d'autres films au lieu de regarder la vie pour trouver l'inspiration. J'ai lu de nombreux scénarios qui décrivent leur personnage comme quelqu'un « à la Harrison Ford dans *Les Aventuriers de l'arche perdue* » ou « à la James Bond lorsqu'il est interprété par Roger Moore ».

Parfois, les scénaristes oublient un aspect de leurs personnages, tel que la dimension philosophique ou émotionnelle, parce qu'il est plus difficile de l'exprimer que de décrire une action. Les films qu'ils voient accentuent souvent un de ces éléments, ce qui les conduit à penser que les autres dimensions ne sont pas importantes.

Pour créer des personnages dimensionnels, il faut absolument observer la vie réelle. Les meilleurs scénaristes semblent être constamment capables de remarquer de petits détails ou des traits de caractère et ils sont à l'écoute des rythmes de leurs personnages. Ils s'engagent à aller au-delà des stéréotypes et à développer leur propre compréhension des gens. Ils ont un respect pour leurs personnages ce qui leur donne la liberté de trouver un grand éventail de pensées, d'actions et d'émotions.

APPLICATION

Lorsqu'on retravaille un personnage, cela aide souvent de commencer par l'arc transformationnel. Commencez par vous demandez de quels talents et de quelles caractéristiques votre personnage principal va avoir besoin pour atteindre son objectif. Par exemple Rose, dans *The African Queen*, aura besoin d'acquérir de la spontanéité, de l'ingéniosité, du courage, de la détermination et de l'amour pour devenir la femme qu'elle est à la fin du film. Demandez-vous qu'elles sont les caractéristiques que votre personnage doit avoir au début de l'histoire et quelles sont celles qu'il devra acquérir au cours de l'histoire.

Comment va-t-il acquérir ces changements. Qu'est-ce que l'histoire va exiger de lui ? Comment les autres personnages vont-ils l'aider à atteindre son but ?

Maintenant, demandez-vous s'il y a des indications à l'intérieur de cette histoire de la philosophie de votre personnage ? Est-ce que ceci est exprimé par des actions plutôt que des paroles ? Est-ce que vous voyez clairement les différentes attitudes de votre personnage ? Est-ce que vous savez ce qu'il éprouve à l'égard des autres et de la situation ? Est-ce que ses attitudes conduisent à des actions ?

Si vous voulez que votre personnage soit sympathique, alors vérifiez ses réactions émotionnelles et la façon dont vous nous montrez sa nature émotionnelle. Essayez d'élargir sa palette émotionnelle. Certains psychologues disent que les émotions appartiennent à quatre catégories : la folie, la tristesse, le bonheur ou la peur. A l'intérieur de chacune de ces catégories il y a d'autres émotions telles que la rage, être en colère, frustré ou irrité ; être ravi, extatique ou joyeux ; être figé par la peur ou avoir une poussée d'adrénaline suscitée par le danger de la situation. Trouvez des façons de développer les émotions de votre personnage au-delà de sentiments habituels de peur, de colère ou de passion.

Observez les actions de votre personnage. Est-ce qu'il joue un rôle actif ou passif dans l'histoire ? Est-ce que son action aide à faire progresser l'histoire ? Et est-ce qu'elles aident à le caractériser ? Certains personnages aiment faire de la barque, d'autres aiment tricoter, lire ou collectionner de petits objets. Certains personnages ont tendance à être nerveux. D'autres ont des manies, ils nettoient fébrilement tout ce qu'ils trouvent, ils enlèvent la poussière, ils polissent les poignées de portes ou ils se liment les ongles. Tous ces détails qui correspondent à des actions vous aideront à développer et à révéler vos personnages tout en vous concentrant sur les actions nécessaires pour faire progresser l'histoire.

Lorsque vous étudierez l'aspect dimensionnel et transformationnel de votre scénario, demandez-vous :

Est-ce que je me suis contenté de créer des stéréotypes ? Est-ce que j'ai défini certains personnages de façon unidimensionnelle au lieu de créer des personnages tridimensionnels ?

Quel est l'arc transformationnel de mon protagoniste ? Est-ce que j'ai donné à mes personnages suffisamment de temps pour évoluer ? Est-ce que la façon dont ils changent est crédible ?

Quelles sont les influences sur mes personnages principaux qui les aident à changer ? Y a-t-il un personnage qui sert de catalyseur ? Est-ce qu'il y a une histoire d'amour ? Est-ce que l'histoire force mon personnage à évoluer ?

Est-ce que vous voyez clairement grâce aux images et à l'action comment l'influence de l'histoire et des autres personnages provoquent une transformation ? Est-ce que cette transformation m'aide à exprimer le thème et l'histoire ?

Si vous accordez de l'attention à l'aspect dimensionnel et transformationnel de votre histoire, cela vous aidera à créer des personnages que le public n'est pas près d'oublier. Et en accentuant ces éléments vous allez aussi faciliter le principe d'identification et la viabilité commerciale de votre histoire.

CHAPITRE DOUZE

LES FONCTIONS DU PERSONNAGE

De nombreux scénarios semblent être enlisés. Il s'agit d'un problème dans l'histoire, celle-ci est confuse, inconsistante et sans structure. C'est souvent lié aux personnages. Il y en a simplement trop, et nous ne savons pas à quoi ils servent. On peut les aimer, mais ils ne semblent pas être nécessaires au développement de l'action. Les personnages commencent à s'enchevêtrer les uns les autres ou à rendre l'histoire confuse.

Nous ne pouvons nous intéresser dans un film de deux ou trois heures qu'à une certaine quantité de personnages. S'il y en a trop, on est dépassé, cela ressemble à du cirque. On ne sait tout simplement pas quoi regarder. En général, un film ne peut avoir que six ou sept personnages principaux. Dans la plupart des cas, il y en a trois ou cinq : le protagoniste, celle dont il est amoureux et un ou deux personnages secondaires. Dans un film sur un groupe d'individus comme *Les Copains d'abord*, *Diner*, *St-Elmos Fire*, *Breakfast Club* ou *The Magnificent Seven (Les Sept mercenaires*), vous trouverez rarement plus de cinq ou sept personnages.

Cela doit vous inciter à vous demander quels personnages vous allez devoir supprimer. Vous avez probablement vos personnages favoris, qui vous semblent être uniques et mémorables. Malheureusement, qu'ils soient vos personnages « favoris » n'est pas un critère valable. Lorsqu'il s'agit de supprimer des personnages, il devient essentiel d'analyser **la fonction des personnages**.

Chaque personnage dans un film doit avoir un rôle essentiel à jouer. Il apporte quelque chose de spécifique. Il peut donner un indice, un renseignement à un détective dans un film policier ou être la personne dont le héros est amoureux, ou bien encore ajouter de la sagesse et de la profondeur à l'histoire. Il peut également s'agir d'un personnage dont la fonction consiste à apporter de l'envergure au personnage principal (comme le font les gardes du corps, les assistants, etc.). Mais ils ont tous une raison d'être dans l'histoire.

De nombreux personnages accompliront plus d'une fonction. L'un d'entre eux peut être le personnage dont le héros va s'éprendre, un autre un catalyseur et un troisième un personnage de confident. Cependant dans la plupart des cas, il n'y aura pas plusieurs personnages qui accomplissent la même fonction, sinon l'effet que produit chacun de ces personnages sera dissipé. Si un scénariste a plusieurs personnages similaires, il n'aura pas le temps de leur donner une véritable dimension.

On peut distinguer cinq fonctions : les personnages principaux, les personnages secondaires, les personnages qui ajoutent une dimension au film, des personnages qui développent l'aspect thématique et des personnages qui donnent de l'envergure au protagoniste.

LES PERSONNAGES PRINCIPAUX

Les personnages principaux « font l'action ». Ce sont eux qui font progresser l'action. Le film est centré sur eux. C'est à leur sujet qu'a lieu le conflit principal et ils sont suffisamment intéressants pour retenir notre attention pendant deux ou trois heures.

Le personnage principal est le protagoniste, l'histoire parle de lui. C'est l'individu que nous sommes censés suivre, dont nous espérons la réussite, envers qui nous éprouvons de l'attention et de la sympathie. Il s'agit presque toujours d'un personnage positif. C'est le héros de l'histoire comme James Bond, Luke Skywalker, Ripley dans *Aliens* ou Oskar Schindler. Ceci ne signifie pas que le personnage est parfait ou sans défauts. Parfois nous pouvons nous mettre en colère contre le protagoniste. Il se peut qu'il ait des traits que nous n'aimons pas, mais le protagoniste capte notre attention, c'est quelqu'un qu'on a éminemment envie de regarder.

Quelquefois, le protagoniste est un personnage négatif. *L'Honneur des Prizzi*, *Amadeus* et *Autant en emporte le vent*, nous montrent des personnages qui ne sont pas nécessairement sympathiques ou emphatiques, néanmoins nous nous y intéressons et nous voyons l'histoire de leur point de vue. Pour qu'il y ait un conflit dramatique, tout protagoniste a besoin d'un antagoniste. C'est la personne qui s'affronte au héros. Mozart était l'antagoniste de Salieri, Darth Vader celui de Luke Skywalker et Paul Schaeffer celui de John Book.

Parfois l'antagoniste correspond à une combinaison de gens : les fantômes dans *SOS fantômes* ou les gens de la ville dans *Les Dents de la mer*. Dans ces cas-là l'antagoniste peut être un groupe de personnages secondaires dont la fonction est d'empêcher que le protagoniste atteigne son but.

Le protagoniste est souvent amoureux de quelqu'un. Ce personnage sert à approfondir et à donner plus de dimension au personnage principal.

Dans *Tootsie*, la vulnérabilité et la beauté de Julie, sa relation avec son enfant et sa féminité ont contribué à faire évoluer Michael de son état de macho insensible à celui d'un ami sensible. Et le point de vue particulier de Michael a forcé Julie à modifier sa façon de vivre.

LES ROLES SECONDAIRES

Les personnages ne peuvent pas traverser l'histoire seuls. Pour atteindre leur but, ils ont besoin d'être aidés. Des personnages secondaires doivent les soutenir ou s'affronter à eux. Il doit y avoir des individus pour leur donner des renseignements ou des conseils, les écouter, les pousser dans une direction ou dans une autre et les forcer à prendre des décisions. Certains doivent les défier et d'autres leur donner de la vigueur.

L'une des fonctions des personnages secondaires est de jouer le rôle de confident. On en trouve souvent dans les pièces de théâtre, et en particulier dans les charmantes comédies anglaises du dix-huitième siècle dans lesquelles la servante est souvent la personne à qui l'héroïne raconte ses secrets les plus profonds et les plus sombres. L'héroïne se confie à la confidente. Elle lui dit de qui elle est amoureuse et lui avoue ses craintes au sujet de la rencontre imminente avec son bien-aimé. Elle lui fait part de sa jalousie et de ses soucis. Elle pleure avec elle, rit avec elle et l'appelle lorsqu'elle a besoin d'elle pour planifier une stratégie qui la conduira dans les bras de son bien-aimé.

Dans les films, le confident est souvent beaucoup moins intéressant. Il n'est pas nécessaire qu'il en soit ainsi, mais il s'agit en général de la personne à qui le protagoniste se confie plutôt qu'il se révèle, ce qui provoque un flot de verbiage qui va à l'encontre d'une bonne histoire dramatique.

Souvent, le confident est utilisé comme prétexte pour donner des renseignements au public. Par conséquent, les scènes qui comportent un confident s'enlisent souvent. Elles sont remplies de longs discours d'exposition et l'auteur s'en sert pour dire tout ce qui lui semble difficile de montrer de façon dramatique.

Mais il n'est pas nécessaire que le confident soit terne. Votre protagoniste doit se révéler à lui et non lui parler. Il peut avoir confiance en lui et se comporter naturellement en sa présence. Au lieu de simplement parler et d'écouter, le confident peut procurer au protagoniste l'occasion de pleurer, de rire ou d'être vulnérable, révélant ainsi d'autres dimensions du personnage.

Parfois le confident est un partenaire ou même un autre protagoniste. Dans *Butch Cassidy and The Sundance Kid (Butch Cassidy et le Kid)*, *Forty Eight Hours* (*Quarante-huit heures*) ou *Lethal Weapon* (*L'Arme fatale*), les partenaires sont capables d'être les confidents les uns des autres. Dans de nombreuses séries télévisées, les partenaires et les collègues fonctionnent comme des confidents lorsque cela est nécessaire, même si leur fonction principale est de faire progresser l'action. On peut observer cela avec le Commandant et le Major Kira dans « Deep Space Night », le Dr. Mark Sloane et son fils détective dans « Diagnosis : Murder » et dans la relation de Jessica et de sa confidante dans « Murder She Wrote ».

Une autre fonction dramatique importante est celle du personnage catalyseur, c'est l'individu qui fournit un élément de renseignement ou qui provoque un événement, c'est celui qui pousse le protagoniste à agir. Dans *Witness*, Samuel est un personnage catalyseur, il voit le meurtre et raconte ce qu'il a vu à John Book qui peut alors se mettre au travail. Dans *Tootsie*, Sandy est un personnage catalyseur, puisque c'est Sandy qui parle à Michael Dorsey du rôle dans le soap.

Les catalyseurs peuvent être des personnages mineurs. Dans *Le Fugitif*, l'homme dans le bus qui se met à tousser et qui poignarde ensuite le garde sert de catalyseur pour l'accident et, par conséquent, pour l'évasion de Richard Kimble.

Parfois un personnage catalyseur offre un indice qui envoie le détective sur un chemin différent, ce qui lui permet de résoudre le crime. Parfois, il provoque une transformation du protagoniste. Dans ce cas, le catalyseur peut être un thérapeute, un parent, un ami qui s'affronte au protagoniste et qui le force à changer. Il peut s'agir de la police qui arrête le protagoniste ou du juge qui prononce une condamnation qui oblige le protagoniste à changer de comportement.

On trouve des personnages de catalyseurs dans presque chaque histoire. Le protagoniste ne peut pas agir seul. Il a besoin d'aide afin de faire progresser l'action sans cesse.

Lorsqu'on crée des personnages de catalyseur, il est important de les rendre actifs afin qu'ils propulsent l'histoire par l'action et non par le dialogue.

LES PERSONNAGES QUI AJOUTENT D'AUTRES DIMENSIONS

Si l'histoire d'un film se contentait d'être linéaire, le protagoniste parvenant à son but grâce à une légère aide du personnage catalyseur, le public s'en désintéresserait. Il y a toujours des personnages qui contribuent à donner une certaine dimension à l'histoire et aux personnages principaux. Ceci ne signifie pas nécessairement que les personnages sont dimensionnels mais que le film devient plus riche grâce à la présence de ces personnages.

Nous avons tous vu des films sérieux où un personnage drôle procure la dimension humoristique. La fonction de ce personnage est d'apporter un moment de détente et d'alléger l'histoire, afin de donner au public la possibilité de se relâcher. Si vous avez lu de nombreuses pièces de Shakespeare, vous vous souvenez certainement que même dans les histoires les plus sérieuses, il y a en général un personnage qui nous fait rire. L'exemple qui vient immédiatement à l'esprit est Falstaff dans *King Henry IVth, Part 1 and 2*. Dans les tragédies de Shakespeare, on trouve le portier bavard dans *Macbeth*, l'infirmière dans *Romeo and Juliet* et le fou dans *King Lear*.

De nombreux films utilisent des personnages qui offrent des moments de détente. Dans *La Guerre des étoiles*, nous trouvons des moments d'humour grâce à R2D2 et C3PO, qui annoncent constamment « qu'ils sont condamnés », et à Chewabacca, que la Princesse Leia traite de « paillasson ».

Même dans les comédies, l'humour est souvent centré sur les personnages secondaires qui nous font rire, tels que le crétin dans *SOS fantômes* ou le Professeur Brown dans *Retour vers le futur*.

Souvent, l'un des personnages sert de faire-valoir au protagoniste. Dans *Witness*, Daniel permet d'établir **un contraste** avec John Book. Vous vous souvenez peut-être de la scène où Rachel et son prétendant s'assoient sous le porche et se balancent en buvant de la limonade. Ils sont tendus et ils ont très peu de choses à se dire. Comparez cette scène avec celle où Rachel et John dansent dans la ferme, celle où John fait des blagues pendant qu'ils prennent leur petit déjeuner, ou bien celle de la passion entre Rachel et John au début de l'Acte Trois. La présence de Daniel donne au personnage de John beaucoup de relief et nous rend plus conscients de certaines de ses caractéristiques. Il contribue à lui donner une dimension plus importante.

Dans une des premières versions de *Witness*, la soeur de John, Elaine, sert de faire-valoir à Rachel. Elle est décrite comme quelqu'un d'indiscipliné et de désordonné, toujours sur la défensive. Quand Rachel passe la nuit chez elle, il y a un long silence lorsqu'elle nettoie la maison avec l'aide des enfants. Cela établit un contraste entre ses manières nettes et disciplinées et Elaine qui a du mal à faire face aux travaux ménagers.

Dans *Tootsie*, nous voyons un contraste entre Sandy et Julie et entre Michael et Ron. D'autant plus que Michael traite Sandy d'une façon qui ressemble à celle dont Ron traite Julie. Nous voyons un contraste entre l'attitude de Sandy envers Dorothy Michaels (elle ne l'aime pas) et l'attitude de Julie envers elle (elle aimerait qu'elle devienne sa meilleure amie). Le contraste entre Sandy et Julie aide à développer le thème de l'amour et de l'amitié ainsi que les images féminines qui donnent une dimension et établissent un contraste avec Dorothy.

Par ces effets de contraste, ces types de personnages nous aident à percevoir les personnages principaux plus clairement. Ils donnent une certaine profondeur à l'histoire. Comme la palette d'un peintre, ils ajoutent une certaine texture et nous permettent de mieux nous concentrer sur des nuances subtiles de caractérisation.

LES PERSONNAGES THEMATIQUES

Il y a un certain nombre de personnages qui servent à évoquer et à exprimer le thème d'un film. On peut trouver un ou deux de ces personnages dans n'importe quelle sorte de films : un film d'action-et-d'aventure, un film policier, une comédie ou un drame. Mais les films destinés à un thème tels que *Autant en Emporte le Vent*, *Amadeus* ou *Tootsie*, peuvent contenir un grand nombre de ce type de personnages. Dans ces films, le réalisateur a quelque chose de clair à dire. La force directrice derrière ces films n'est pas tant la fascination pour l'histoire ou les personnages que la fascination pour une idée. Dans *Tootsie*, il s'agit de la nature de l'amour et de l'amitié, dans *Amadeus*, de la médiocrité et du génie ou dans *Autant en emporte le vent*, des États du Sud. Le thème est ce qui donne la dynamique à l'histoire.

Pour communiquer un thème, un cinéaste se tourne vers les personnages, ce sont eux qui vont l'aider à le développer. Dans de nombreuses histoires complexes d'un point de vue thématique, l'un des personnages crée l'équilibre, faisant en sorte que le thème ne soit ni mal représenté ni mal interprété.

Certains films ont besoin de ce type de personnage sans lequel ils risqueraient d'être mal interprétés. En particulier ceux qui parlent d'homosexualité ont besoin d'attribuer des rôles importants à des hétérosexuels pour équilibrer le propos du film afin qu'on ne leur reproche pas d'avoir une perspective limitée. Dans *Desert Heart*, *Long Time Companion* (*Un Compagnon de longue date*) ou *Philadelphia*, ces personnages équilibrants ouvrent le film à un public plus vaste.

Les films dans lesquels des individus qui appartiennent à des minorités ethniques jouent un rôle négatif important doivent être équilibrés par des modèles positifs. *The Year of the Dragon* (*L'Année du dragon)* a été sévèrement critiqué car ce film ne comportait pas de personnages asiatiques positifs. L'intrigue de *Soul Man*, sur un Blanc qui se fait passer pour un Noir afin d'obtenir une bourse n'a pas plu. Même *La Couleur pourpre* a été critiqué pour ses personnages masculins unidimensionnels parce que le film semblait donner une image tendancieuse des Noirs.

Ces films auraient pu conserver un équilibre en montrant simplement un personnage représentant un point de vue opposé. Dans *La Couleur pourpre* un ou deux hommes noirs positifs et dimensionnels auraient pu équilibrer le portrait d'Harpo. Un personnage positif issu d'un milieu minoritaire peut équilibrer la présence d'un méchant issu de la même communauté. Sans un tel personnage, les films peuvent faire l'objet d'une mauvaise interprétation ou pire susciter des réactions, des lettres de colère et peut-être même finir par ne pas être diffusables.

Certains personnages thématiques donnent une dimension au thème en présentant différents points de vue, ce qui leur permet de communiquer la complexité de leurs idées. Nous pourrions appeler ces personnages : les « porte-parole ». Par exemple dans *Witness*, Eli est le « porte-parole » de la non-violence Amish lorsqu'il parle à Samuel des problèmes et des maux de la violence. Dans *Impitoyable*, Will Munny, se fait le « porte-parole » de la non-violence pas par la parole mais par des actes en face de l'excitation de Scofield Kid à l'idée d'être un bandit armé. Et dans *La Liste de Schindler,* Izthak Stern est « le porte-parole de la Clarté et de la Perspicacité ». Il communique la perception la plus claire du film sur le bien et le mal.

C'est important de ne pas prendre ces personnages de « porte-parole » de façon trop littérale. Ils ne sont pas censés être des personnages bavards. Au lieu de cela, ils évoquent leurs idées par leur attitude, leurs actions et seulement à l'occasion par le dialogue.

Le thème est souvent communiqué également par le « porte-parole de l'auteur » qui est en quelque sorte son alter ego. Dans *La Guerre des étoiles*, ce personnage est probablement Obi-Wan Kenobi et dans le deuxième film de la trilogie, *L'Empire contre-attaque*, Yoda. Ce type de personnage permet d'exprimer facilement toute notion philosophique ou attitude que l'auteur désirerait évoquer.

Ce n'est pas toujours important pour le public de savoir qui est le personnage qui fait passer le message de l'auteur. Cependant si vous, en tant qu'auteur, vous avez une idée particulière que vous voulez faire passer dans votre scénario, choisissez un personnage auquel vous pourrez vous identifier. Ce sera vraisemblablement un personnage secondaire. Si vous voulez expliquer l'attitude à prendre face aux requins choisissez quelqu'un comme Matt dans *Les Dents de la mer*. Dans *La Liste de Schindler*, le point de vue de l'auteur est probablement représenté par Stern et dans *Amadeus* par le prêtre qui écoute la confession de Salieri.

Lorsque l'histoire repose sur un message à communiquer au public, ce type de personnage devient indispensable. Si vous travaillez avec un matériau controversé dans lequel il n'y a pas de distinction claire entre le bien et le mal, alors vous aurez besoin d'aider le public à comprendre ce qu'il doit saisir dans votre message.

Il y a quelque temps, j'ai travaillé sur un des films-de-la-Semaine qui traitait des problèmes de la régulation du port d'armes. Il s'agit d'un sujet controversé sur lequel il y a très peu de réponses claires. D'un côté, nous vivons dans une société violente. De nombreux citoyens ont été attaqués, violés ou dévalisés et ils auraient aimé avoir un revolver pour se protéger. Certains d'entre eux ont déjà possédé un revolver et tout ce que cela leur a apporté c'est qu'ils ont tué un membre de leur famille par erreur. Ou bien, ils ont été contraints de vivre avec la culpabilité d'avoir tué un autre être humain même s'il s'agissait d'un cambrioleur. Il n'y a donc pas de réponses évidentes à ce sujet.

En traitant ce problème, les scénaristes voulaient montrer différents points de vue sans que le film devienne bavard et dogmatique. Mais parce qu'ils se voulaient neutres, ils prenaient le risque de ne faire passer aucun message.

Pour résoudre ce problème, nous avons discuté de leur propre point de vue et nous avons essayé de clarifier ce à quoi ils croyaient vraiment sur ce sujet. Ce qui a été formulé ainsi : « Lorsque la société ne résout pas les problèmes, les individus se voient obligés de résoudre celui de la violence à un niveau individuel. Quoi qu'ils fassent, ils n'obtiendront rien, parce que ces problèmes doivent être résolus à un niveau social ». Lorsqu'ils se sont mis d'accord sur cette déclaration, nous avons choisi un personnage mineur pour évoquer ce point de vue. Si le public cherchait à se faire une idée sur ce sujet, il pouvait le faire, car l'histoire le permettait. Autrement le film serait apparu comme purement descriptif, et ne présentant aucune réponse claire.

Parfois, un scénario traite de matériau incroyable comme le surnaturel, les OVNIS, les médiums, la réincarnation, etc. En général, la majeure partie des spectateurs ne croira pas à cette philosophie. Ils resteront sceptiques. Pour que ce matériau fonctionne, il est important de choisir un personnage qui représente le point de vue du public, un sceptique par exemple qui apparaîtrait au début de l'histoire. Au fur et à mesure que le personnage sceptique évolue et est de plus en plus convaincu, les membres du public qui étaient sceptiques seront eux aussi emportés par la situation et changeront d'attitude. Cela ne signifie pas nécessairement que l'histoire a totalement convaincu les spectateurs, mais que cette stratégie a mis fin à leur incrédulité pendant la durée du film afin qu'ils puissent s'identifier au personnage et s'impliquer au fur et à mesure du déroulement de l'histoire.

Ceci a été particulièrement bien fait avec la minisérie tirée du best-seller de Shirley MacLaine, *Out on a Limb*. L'histoire traite de la réincarnation et de sa quête spirituelle dans des vies passées, ce qui n'est pas exactement un sujet grand public. Cependant, il y a de nombreux personnages qui représentent un point de vue sceptique : le personnage de l'amant, Jerry ; Bella Abzug et Shirley elle-même. Et pour les non-sceptiques : il y a David, certains des Péruviens et Shirley, une fois transformée. Quelles ques soient vos opinions, il y a quelqu'un à qui vous pouviez vous identifier et quelqu'un qui représente votre croyance.

LES PERSONNAGES QUI DONNENT DE L'ENVERGURE

Puis il y a les petits rôles secondaires, qui donnent de l'ampleur au protagoniste ou à l'antagoniste en démontrant son prestige, son pouvoir ou sa stature. Les gardes du corps, les secrétaires, les assistants, les bras droits, les bonnes à tout faire qui entourent les hommes et les femmes de pouvoir. Plus vous voudrez faire passer l'idée de pouvoir, plus vous aurez besoin de ce type de personnages.

La plupart des hommes importants, en particulier s'il s'agit d'individus mauvais, s'entoureront d'un ou deux gardes du corps, d'un chauffeur et peut-être même d'un assistant. Mais soyez prudent, si vous ajoutez trop de gens, vous n'obtiendrez qu'un amalgame. Et si vous n'en ajoutez pas assez, cela diminuera l'effet de pouvoir. Si vous voulez augmenter cette impression de pouvoir, au lieu d'ajouter des personnages, ajoutez une fonction à un personnage que vous avez déjà campé. Faites du garde du corps également un confident, ou bien de la bonne à tout faire un personnage de catalyseur qui propulse l'histoire vers sa conclusion.

Parfois, il sera nécessaire que vous vous concentriez sur certains personnages particuliers de cette catégorie. Vous pourrez le faire en créant des caractéristiques immédiatement reconnaissables pour un ou deux de ces personnages tout en laissant les autres personnages à l'arrière-plan, dans l'ombre, sans nom et sans visage. Un personnage ressortira à cause de sa taille, parce qu'il est plus grand ou plus petit que les autres, parce qu'il est d'une autre origine, ou bien parce qu'il est doté d'une autre caractéristique unique.

Dans beaucoup d'histoires, les personnages remplissent plus d'une fonction, peu importe combien. Il est essentiel qu'ils aient une place dans l'histoire et qu'ils contribuent à faire vivre cette histoire. Clarifier une fonction dramatique permet de focaliser l'histoire, de conserver des personnages qui ne semblaient pas nécessaires et de déterminer ceux qu'il faut supprimer. Cela a sauvé de nombreux scénarios confus qui ont retrouvé ainsi un point de focalisation grâce à la clarification des fonctions dramatiques.

LES PROBLEMES LIES AUX FONCTIONS DRAMATIQUES

Lorsque le *Cotton Club* est sorti au début des années 80, un critique a fait remarquer qu'il y avait « trop » de personnages. Il ne pouvait pas les distinguer les uns des autres et ne se souvenait pas s'il les avait déjà aperçus.

Dans n'importe quel film de grande ampleur, ceci peut être un problème. Le film nécessite la présence de nombreux personnages, cependant, le public a besoin de savoir qui est important et ce que ces personnages cruciaux apportent à l'histoire. Le travail de l'auteur consiste à faire en sorte que les spectateurs ne perdent pas de vue les personnages principaux, malgré l'abondance de personnages secondaires qui créent la texture du film.

Pensez à tout ce que les spectateurs doivent apprendre dans les vingt premières minutes d'un film : ils doivent découvrir les personnages et leurs noms, être capable de les identifier rapidement dès qu'ils les voient, et comprendre ce qu'ils apportent à l'histoire.

Pendant le processus d'écriture et de réécriture, pour focaliser l'histoire et clarifier les fonctions dramatiques, il faut supprimer certains personnages, en faire fusionner plusieurs et aiguiser les autres. Une fois que le film part en production, cela se transforme en un problème de casting.

Des films tels que *Police Academy*, *Platoon*, *The Deer Hunter* (*Voyage au bout de l'enfer*) ou *Gandhi* ont besoin d'un grand nombre de personnages. Les personnages principaux doivent d'être présentés de façon contrastée par rapport aux personnages de fond qui établissent l'environnement du film. Ces problèmes sont en général résolus lors du casting grâce à une différenciation soignée des personnages.

Ce dont on se souvient le plus rapidement, c'est de l'origine ethnique des personnages, puis probablement de leur poids et de leur taille. Leur voix et le style de leurs vêtements aident également le public à les différencier. Vous avez pu voir comment dans *Platoon* et les films de *Police Academy*, tous ces critères sont utilisés. Les personnages sont différenciés dans *Platoon* également, par la présentation dès le début du film du visage balafré et mémorable de Barnes, grâce à la dramatisation de ses tatouages, de son comportement et de la façon dont il marche.

Mais on ne résout pas tout lors du casting, surtout si les fonctions dramatiques n'ont pas été clarifiées par l'auteur. Dans tous ses films l'auteur a fait attention à ce que chaque personnage apportait à l'histoire. Chaque auteur nous a orienté assez rapidement vers le thème de l'histoire, les personnages importants et celui que nous devions observer avec le plus de soin pour ne pas perdre le fil de l'histoire.

APPLICATION

C'est toujours difficile de supprimer ou de modifier les personnages qu'un auteur aime. Cependant le travail de la réécriture exige par moments d'être sans pitié. Lorsque vous vous mettrez à la réécriture pour clarifier les fonctions dramatiques de vos personnages, il vous faudra souvent supprimer l'un de vos personnages favoris ou le fusionner avec un autre.

Lorsque vous commencez la réécriture, étudiez soigneusement les personnages de votre scénario et clarifiez leurs fonctions principales à l'intérieur du scénario. Est-ce que nous savons qui est le personnage principal ? Est-ce que votre protagoniste conduit l'action ? Est-ce qu'il fait en sorte que le climax de l'histoire ait lieu ?

Si vous avez plusieurs protagonistes assurez-vous qu'il s'agit de partenaires égaux, ou que l'un des protagonistes est légèrement mieux mis en valeur que l'autre. Dans *SOS Fantômes*, c'est le Dr. Peter Venkman (Bill Murray) qui est le mieux mis en valeur, dans *La Guerre des étoiles* c'est Luke Skywalker plutôt que Han Solo ou même que la Princesse Leia, et dans *Les Dents de la mer* c'est Martin plutôt que Quint ou Matt.

Identifiez votre opposant. Qui s'oppose à votre protagoniste ? S'il s'agit de plusieurs situations ou de plusieurs personnages sachez clairement lequel d'entre eux est le personnage principal. Et assurez-vous que l'antagoniste évolue tout au cours du scénario.

Avez-vous un personnage de confident ? Si c'est le cas est-ce que ses scènes sont trop bavardes ou avez-vous trouvé des moyens de révéler et de montrer plutôt que de raconter ?

Est-ce que vous avez plusieurs personnages qui ont la même fonction ? Si c'est le cas supprimez ou fusionnez ces personnages.

S'il vous manque une fonction, peut-être que vous avez besoin d'un autre personnage catalyseur ou peut-être que votre public aura du mal à comprendre le thème du film sans la présence d'un personnage thématique.

Est-ce que votre protagoniste reçoit de l'aide des personnages tout au long du scénario ? Est-ce qu'ils aident vraiment votre personnage ou est-ce qu'ils ne font que traîner à ses côtés.

En tant qu'auteur, est-ce que vous avez un personnage qui vous sert de porte-parole ? Si c'est le cas, êtes-vous parvenu à ce que ce personnage reste actif et dramatique et non bavard ? Est-ce que votre point de vue offre un nouveau regard sur cette histoire, ou ne s'agit-il que d'un message que vous avez essayé de faire passer et que vous pensiez pouvoir caser là ?

Est-ce que vous traitez de sujets qui risquent d'être mal interprétés ? Si c'est le cas, avez-vous inclus au moins un personnage équilibrant pour vous protéger ?

Y a-t-il de l'humour dans votre film ? Est-ce que l'un de vos personnages assume les moments de détente ? Est-ce que vous utilisez l'humour pour alléger la tension ou pour alléger votre contenu, ou pour susciter un plaisir plus grand pour le public ?

Comptez combien de personnages deviennent le point de focalisation tout au long de l'histoire. Si on a besoin de suivre clairement plus de sept d'entre eux, commencez à chercher des passages à supprimer afin que l'on puisse suivre plus facilement l'histoire et les différentes lignes narratives des différents personnages.

En vérifiant les fonctions de votre personnage demandez-vous :

Est-ce qu'on distingue clairement mon protagoniste et mon antagoniste ? S'il y a plusieurs antagonistes, y en a-t-il un qui est plus en relief que les autres ?

Qui sont mes personnages secondaires ? Comment contribuent-ils à faire avancer l'histoire ? Si j'ai des personnages thématiques, est-ce que je leur ai donné d'autres fonctions afin qu'ils ne soient pas simplement des personnages porteurs d'un « message » ?

Est-ce qu'il y a des personnages catalyseurs qui peuvent aider à faire avancer l'action ?

Est-ce que chaque personnage a une fonction dans mon histoire ? Si j'ai plusieurs personnages avec la même fonction, puis-je fusionner ces personnages ? Y a-t-il une fonction qui manque dont mon histoire aurait besoin ?

De nombreux films ont eu peu de succès parce qu'ils avaient trop de personnages, qui n'avaient pas de fonctions claires. Les grands scénarios sont nets, clairs et faciles à suivre. Les personnages font l'objet d'une focalisation au moment où ils accomplissent une fonction et chaque personnage a une raison d'être dans l'histoire.

QUATRIEME PARTIE

UNE ETUDE DE CAS

CHAPITRE TREIZE

SUR LA ROUTE DES OSCARS : ETUDE DE LA REECRITURE DE *WITNESS*

Virtuellement chaque scénario rencontre de nombreux obstacles sur la route de l'écriture à la vente, jusqu'au tournage. En moyenne, pour des auteurs qui ont une certaine expérience, un scénario qui fonctionne et de bons contacts, cela met environ cinq ans. Pour de nouveaux auteurs, c'est en général plus long. Statistiquement, le premier et même le deuxième scénario se vendent rarement. La plupart des auteurs ont besoin de travailler sur cinq à dix scénarios pour bien apprendre le métier. Une fois qu'un auteur a appris le métier et s'est créé plusieurs « bonnes cartes de visite » qui montrent son habileté à écrire, en plus de cela, il lui faut savoir comment vendre ce scénario. Cela signifie avoir (et trouver) de bons contacts. Apprendre à « décrocher un rendez-vous » (to take a meeting), et même apprendre à « discuter lors d'un déjeuner » (to do lunch). Il doit acquérir un comportement particulier. De nombreuses personnes doivent payer leur droit de passage pendant très longtemps dans l'industrie du cinéma. Les gens qui ont le plus de succès sont ceux qui sont prêts à le faire. Ils ont du talent et ils sont extrêmement patients.

Witness n'a pas été une exception. Cela a pris environ cinq ans de l'écriture du scénario à la sortie du film. Et ce film a suivi un parcours sinueux. Le projet initial remontant au début des années 1970.

LE CONTEXTE

Le succès de *Witness* dépendit des idées de trois écrivains doués : Pamela Wallace, Earl Wallace et William Kelley. Ils furent mentionnés au générique pour avoir proposé l'idée du film et le scénario fut rédigé par Earl Wallace et William Kelley.

Pamela Wallace avait déjà publié quatre romans lorsqu'elle lut un article dans le *Los Angeles Times* qui l'intrigua. Des adolescents avaient lancé des pierres contre une calèche Amish et tué un bébé Amish. A partir de cet article, elle rédigea un projet de roman sur une femme Amish qui se rend à Los Angeles et est témoin d'un crime. Ce projet ne trouva pas d'acquéreur, mais Earl pensa qu'il pourrait faire l'objet d'un bon scénario. Lorsque la Société des Scénaristes se mit en grève en 1980, Pamela suggéra qu'ils se lancent, juste pour voir, dans l'écriture d'un scénario sur ce sujet.

Earl était déjà un auteur à succès qui travaillait comme consultant sur le scénario de « Gunsmoke » (« Le Tueur du Montana ») et de « How the West Was Won » (« La Conquête de l'ouest ») et il faisait partie de l'équipe de scénaristes pour la série « The Winds of War » (« Les Vents de la guerre »). Il utilisa le projet de roman de Pamela comme canevas et il passa environ six semaines à écrire la première version. Lorsqu'il acheva cette version, il pensa qu'il y avait des similitudes avec une histoire que William Kelley avait écrite pour « La conquête de l'ouest ». Il décida d'appeler Bill et lui suggéra de travailler ensemble.

Comme Pamela, William Kelley s'était intéressé aux Amish. Il avait fait des études pour devenir prêtre dans un séminaire augustinien près du comté de Lancaster en Pennsylvanie où il avait eu beaucoup d'occasions d'observer les Amish. Il avait été impressionné par leur honnêteté, leur attitude directe et leur prise de position sur la non-violence. Les Amish étaient des hommes d'affaires et des menuisiers excellents ainsi que de grands connaisseurs de chevaux. Il finit par bien connaître leur façon de vivre et leur caractère.

Plusieurs années après avoir quitté le séminaire, il devint romancier et publia trois romans avant de se mettre à écrire pour la télévision.

En 1972, il vendit une idée à ABC pour une série pilote de deux heures qui s'appelait « Jedidiah ». L'histoire traitait d'un évêque Amish qui était transporté en calèche attelée de Lancaster, en Pennsylvanie pour établir une nouvelle communauté Amish à Lancaster, en Californie. ABC acheta le scénario mais celui-ci ne fut jamais tourné.

Bill reprit alors cette idée. Il écrivit un épisode du « Tueur du Montana » intitulé *The Pig Man*. Cette histoire traitait d'une communauté qui ressemblait à celle des Amish, qu'il nomma les Simonites. Richter, un bandit armé, défend une jeune Simonite, qui vient de se faire agresser par quatre frères. Il tue l'un des agresseurs et est blessé au cours de la bagarre. Il est emmené dans la communauté simonite (nommé le Bruderhof) pour se remettre de cette blessure. Là, il tombe amoureux.

« Le Tueur du Montana » fut annulé avant le tournage. Cependant, le producteur John Mantley devint rapidement le producteur de la minisérie « La Conquête de L'Ouest ». Il demanda à Bill de reproduire cette histoire dont il fit l'une des lignes narratives principales de la minisérie. Après quelques petits changements sur les personnages, cette ligne narrative fut finalement incorporée et diffusée à la télévision en 1977.

Earl et Bill ayant collaboré tous les deux au « Tueur du Montana » et à « La conquête de l'ouest », ils se connaissaient. D'autre part, ils étaient tous les deux des auteurs expérimentés et ils étaient d'accord sur l'idée générale de *Witness*. Ils formèrent effectivement une excellente équipe.

COMMENT VENDRE UN SCENARIO

Une fois le scénario terminé, le producteur Edward Feldman acquit une option sur le scénario pour 22 000 dollars. Cependant cette option ne signifiait pas que le scénario serait tourné. Puisque Feldman avait obtenu un accord de premier regard avec *Twentieth Century Fox*, il le leur présenta, mais ils refusèrent.

Puis il le donna à lire à Harrisson Ford. Celui-ci exprima un intérêt pour réaliser ce projet. Grâce à cette déclaration d'intérêt, les Studios de la Paramount décidèrent d'acheter le scénario.

A cette étape, l'équipe créative d'Ed Feldman, son chef de développement, David Bombyk, les auteurs Bill Kelley et Earl Wallace commencèrent à interviewer des réalisateurs. Ils s'intéressaient à Peter Weir, mais il n'était pas disponible parce qu'il avait été choisi pour réaliser *Mosquito Coast.* Beaucoup d'autres réalisateurs furent envisagés pour ce projet mais aucun d'entre eux ne semblait convenir. L'un d'entre eux pensait que le scénario fonctionnerait mieux avec « une fin drôle ». Un autre n'avait pas la moindre idée sur la façon de traiter ce matériau, il pensait qu'il « finirait bien par trouver ». Puis Peter Weir devint disponible parce que la production de *Mosquito coast* avait été repoussée d'un an. Après une première rencontre avec Peter, tout le monde se mit d'accord sur ce choix. Peter avait un point de vue spécifique à apporter au scénario. Il s'intéressait à l'aspect pacifique de l'histoire et désirait faire passer le thème de la non-violence. Il avait imaginé de nombreuses façons de construire le conflit culturel entre les Amish et la police, et il était sensible au fait que cette situation était particulièrement américaine. Sa participation au film semblait donc être tout à fait appropriée.

Peu après, Alexander Godonov fut choisi pour le rôle de Daniel Hochstetler. Après avoir considéré un certain nombre d'actrices pour le rôle de Rachel, ils décidèrent de demander à Kelly McGillis si ce rôle l'intéresserait. Depuis son rôle dans *Reuben*, elle était serveuse à Brooklyn en attendant le rôle suivant.

L'équipe créative était particulièrement bien équilibrée. Tous ses membres avaient de l'expérience, et chacun d'entre eux avait une perspective particulière à offrir au film. Ed Feldman avait produit un certain nombre de films et d'émissions télévisées, y compris *The Other Side of the Mountain* (*Parts One and Two*), *Save The Tiger*, *The Last Married Couple in America* et *The Golden Child*. Il avait une expérience en relations publiques et avait de bonnes intuitions sur ce qui peut rendre un film « plus commercial ».

Peter Weir s'intéressait particulièrement au thème. Il y avait quelque chose qu'il désirait dire avec ce film sur la non-violence et il voulait créer une atmosphère particulière grâce à une approche lyrique du scénario.

Le fait pour Bill d'avoir séjourné au séminaire l'orientait vers la dimension spirituelle de ce projet et vers un amour et une compréhension des Amish. Earl, grâce à son expérience dans la supervision de scénarios, s'intéressait plus particulièrement à l'intrigue. Le coproducteur David Bombyk se concentra sur la cohérence, la courbe dramatique de l'histoire et il s'efforça de faire en sorte que tout se mette en place correctement.

Les Studios de la Paramount s'intéressaient au projet, parce qu'ils pensaient que *Witness* serait sélectionné pour l'Oscar du Meilleur Scénario Original et pour celui du Meilleur Réalisateur, et qu'il serait certainement sélectionné pour d'autres Oscars. C'est alors que le véritable processus de réécriture commença.

LES CHANGEMENTS DE POINT DE VUE

Dans le projet original de roman de Pamela, et dans les premières versions de *Witness*, l'histoire est plus celle de Rachel que celle de John. Dans ces versions, la plupart des moments émotionnels sont centrés sur Rachel. Les éléments de sa vie antérieure au début du film sont présentés de façon plus claire dans l'Acte Un, car nous apprenons que d'après les coutumes Amish les veufs doivent se remarier dans l'année qui suit le décès de leur conjoint, mais Rachel a besoin de plus de temps. Elle rend visite à sa soeur à Baltimore afin de décider si elle va épouser Daniel et mettre entre parenthèses certaines de ses réticences vis-à-vis du mode de vie Amish.

Dans les premières versions, Rachel est le point de focalisation du premier pivot de l'intrigue secondaire. Elle soigne John et se sent attirée par lui. Le scénario décrit une femme luttant contre une attirance érotique. L'aspect physique de la situation la trouble. Alors que l'histoire progresse, Rachel s'éprend de John et au deuxième pivot, elle lui demande de rester. Cette scène d'amour, qui était particulièrement forte dans les premières versions, fut le sujet de nombreuses discussions. Earl voulait montrer John et Rachel en train de faire l'amour. Bill ne voulait montrer qu'un baiser passionné. Peter fut d'accord pour le baiser mais il ne voulut pas que celui-ci soit passionné. La scène d'amour entière fut tournée, mais il ne resta que le baiser après le montage.

Pendant la réécriture, l'histoire fut plus focalisée sur John Book et le film devint plus son histoire. Au premier pivot du film, bien que nous ayons vu certaines réactions de Rachel, la caméra s'intéresse plus à celles de John qui se rend compte qu'elle est restée éveillée toute la nuit pour le soigner. Au deuxième pivot, il y a seulement une réplique sur l'idée de rester ou de partir et ce sujet ne fait jamais clairement l'objet d'une discussion.

D'autres changements de point de vue ont été faits pour adoucir la relation entre John et Rachel. Dans certaines des premières versions Rachel a beaucoup plus d'entrain et recherche plus la confrontation. Certains de ces échanges ont été filmés, mais ils ne furent pas utilisés parce qu'ils donnaient de Rachel une image irritante et autoritaire.

Certaines scènes furent ajoutées pour adoucir la relation. La scène où ils dansent, ainsi que la scène du petit déjeuner à l'Acte Deux. Celles-ci ont équilibré les coupures à l'Acte Un, tout en donnant des temps supplémentaires pour le développement de leur relation à l'Acte Deux.

Ces changements de point de vue ont recentré le film sur John Book. Mais ils ont aussi servi à créer une ligne relationnelle plus forte entre John et Rachel.

LES SCENES SUPPRIMEES

Dans une grande mesure, la réécriture est un processus d'équilibrage d'un film. Parfois, cela signifie qu'il faut couper un certain nombre des meilleures scènes. Certaines de ces coupures ont lieu pendant le processus de réécriture, certaines pendant le montage.

L'une des scènes favorites de Bill était une scène entre Rachel et Elaine, la soeur de John. Dans le film, nous voyons une scène où Rachel passe la nuit chez Elaine afin que John puisse continuer à poser des questions à Samuel le lendemain matin. Dans le scénario, Rachel se lève le lendemain matin et commence à nettoyer la maison (qui en a désespérément besoin). Elaine est furieuse car elle prend l'attitude de Rachel pour une critique de ses capacités de femme d'intérieur.

La scène était bien écrite, car elle comportait un conflit et établissait un contraste entre Rachel et Elaine. Cela ajoutait une dimension à ces deux personnages mais pas grand-chose à l'histoire. L'histoire ayant besoin d'avancer rapidement vers l'Acte Deux, on pouvait facilement supprimer cette scène sans remettre en question la ligne narrative.

Des nombreux passages qui décrivaient le passé de John Book ont également été supprimés. Lorsque l'on regarde ce film, on comprend que John Book est un détective qui doit faire une enquête sur un meurtre. Nous savons que l'homme qui a été tué (Zenovich) était un officier de police en civil. Nous savons que John croit que le meurtrier est vraisemblablement Coalmine qui traîne au Happy Valley Bar.

L'histoire antérieure, qui a été retravaillée pendant la réécriture puis supprimée était beaucoup plus complexe que cela. Dans l'une des versions du scénario, il y avait beaucoup de renseignements supplémentaires. Nous apprenions que le travail de John consiste à mener des enquêtes sur la corruption au sein de la police, ce qui le rend impopulaire auprès de ses collègues. Nous apprenions qu'il a un esprit de militant. Et, nous découvrions que son partenaire, Carter, était censé rencontrer Zenovich, mais qu'il est arrivé trop tard, et qu'il se sent à cause de cela en partie responsable de la mort de celui-ci.

Il y avait aussi des renseignements supplémentaires sur le PCP et ses liens avec le meurtre. Au cours de l'une des discussions, la personne qui avait confisqué le PCP était nommée, on savait quand cela avait eu lieu, et la façon dont Paul, McFee et Fergie étaient impliqués. La plupart de ces éléments furent également supprimés au montage.

La plupart des coupes, en particulier à l'Acte Un, étaient destinées à faire progresser l'histoire vers les scènes à la ferme Amish aussi rapidement que possible. Tout renseignement simplement d'exposition et tout détail dramatiquement inutile furent supprimés. Toutes les scènes qui servaient à révéler les personnages mais qui n'apportaient rien à l'histoire furent coupées. Malgré de nombreux détails enrichissants qui existaient dans ces scènes, Peter Weir et son monteur Thom Noble décidèrent qu'il était essentiel de lancer l'histoire rapidement afin que le développement de l'histoire qui se déroule à la ferme Amish puisse commencer.

LES SCENES MODIFIEES

De nombreuses scènes furent changées d'après les suggestions des acteurs. Peter et Harrison discutèrent sur chaque scène et se lancèrent souvent tous les deux dans des réflexions à l'issue desquelles ils concoctaient des idées censées ajouter quelque chose à une scène ou lui donner une texture différente. C'est Peter qui suggéra la scène où John et Rachel dansent à l'Acte Deux, mais ce fut Harrison qui choisit l'idée de la chanson et la développa. Harrison qui avait essayé un certain nombre de fois de se faire engager pour jouer dans la pub Maxwell House, ajouta une réplique provenant de cette pub : « Chérie, c'est un bon café, ça ». Cette réplique fonctionnait, car elle ajoutait un effet de contraste supplémentaire entre la vie Amish et le monde de la ville et de la publicité.

La scène où ils construisent la grange subit un certain nombre de changements entre l'écriture et le tournage. A l'origine, cette séquence était entrecoupée par une scène où Carter se fait torturer et assassiner. Peter voulait couper cette scène, car il pensait que l'impact émotionnel serait plus grand si nous apprenions sa mort au même moment que John Book. Et il voulait que la scène de la construction de la grange soit une longue scène d'un seul tenant. Pour faire ressortir le lyrisme de cette scène, il réduisit l'intensité du conflit entre John, Rachel et Daniel.

A l'origine, le scénario reprenait l'incident du *Los Angeles Times* sur des jeunes voyous qui avaient tué un bébé Amish. Dans l'une des versions, ceci fut changé par un épisode où un camion s'écrasait contre une calèche

Amish. Dans le film, les voyous provoquent les Amish et John Book leur donne une leçon.

L'Acte Trois a connu des changements considérables, la plupart d'entre eux après l'arrivée dans le comté de Lancaster, juste avant le début du tournage.

Dans le film, trois hommes partent à la poursuite de John : Paul Schaeffer, McFee, et Fergie. Peter pensait qu'il pouvait créer plus de tension en faisant venir uniquement McFee. Il suggéra que Fergie aurait pu être tué pendant le meurtre de Carter, justifiant ainsi le fait qu'il n'était pas là. Bill pensait qu'il était absolument essentiel que les trois hommes soient là, puisqu'un seul homme ne constituerait pas une menace assez importante pour John. Après des discussions considérables, ils se mirent d'accord sur le fait qu'il y aurait trois hommes.

Mais comment seraient-ils tués ? Dans une première version, McFee était tué par une mule entêtée. Peter s'opposa à cette idée car cela lui paraissait improbable de trouver une mule qui donne un coup de pied au bon moment. Peter observa les fermes Amish et eut l'heureuse idée d'utiliser un silo pour la scène du meurtre. Ceci était plus facile à concevoir qu'à réaliser, puisqu'il était impossible de filmer dans un silo, et puisqu'il n'était pas prévu que les silos aient une porte qui puisse s'ouvrir pour inonder quelqu'un de grains. Puisqu'il était peu probable qu'un grand nombre de spectateurs sachent comment fonctionne un silo Amish, l'équipe construisit un silo qui puisse correspondre aux besoins de l'histoire. Fergie fut tué dans le silo et McFee juste à l'extérieur du silo. Il restait donc Paul.

La fin connut d'innombrables changements : ils imaginèrent la possibilité que ce soit Samuel qui tire sur lui, mais ils pensèrent que le public n'apprécierait pas qu'un tel acte soit commis par un enfant. Puis, ils décidèrent que ce serait Rachel qui le tuerait. Plus tard, Rachel devait faire sonner la cloche. Mais chacune de ces solutions faisait de Rachel le personnage actif qui déclenchait le climax, alors qu'il aurait fallu que ce soit John Book, le personnage principal.

Puis ils décidèrent que les Amish viendraient et entoureraient Paul, le séparant ainsi de John. Pendant les répétitions, ceci ne marcha pas. Finalement, ils trouvèrent la solution : Samuel fait sonner la cloche, et les Amish arrivent pour être témoins de la scène.

LA PHASE DU MONTAGE

Thom Noble gagna l'Oscar du Meilleur Monteur. Il n'était pas le premier monteur à travailler sur ce film. Quelqu'un d'autre avait déjà essayé de monter ce film, mais il y avait eu des désaccords sur la direction que le film prenait. On demanda alors à Thom de se joindre à l'équipe et de voir s'il pouvait arranger cela.

Un grand nombre de coupures que j'ai mentionnées furent faites par Thom. Peter et Thom pensaient tous deux qu'il fallait aller plus vite entre les scènes d'exposition tournées à la ferme Amish et les scènes urbaines, puis qu'on revienne rapidement à la ferme Amish. Cela signifiait couper toutes les scènes du premier acte qui n'étaient pas absolument essentielles et l'histoire pouvait ainsi continuer à progresser à l'Acte Deux.

La capacité de Thom à resserrer l'histoire et à lui donner la vitesse nécessaire, tout en préservant le lyrisme permit de faire fonctionner le film. Bill a d'ailleurs rendu hommage à Thom pour avoir trouvé le bon rythme, ce qui fit toute la différence.

RESUME

J'ai demandé à Bill s'il pensait qu'il y avait eu un domaine dans lequel les scénaristes avaient montré des faiblesses. Il mentionna qu'il y avait trois éléments sur lesquels il s'était battu, et qu'il avait obtenu gain de cause sur deux d'entre eux. Il pensait qu'il était nécessaire qu'il y ait trois hommes et non pas un qui se lancent à la poursuite de John à l'Acte Trois. Il insista également pour qu'il y ait la scène où Eli reproche à Rachel d'avoir oublié leurs valeurs lorsqu'elle a dansé avec John. Ces deux scènes sont restées. Bill désirait développer la scène d'adieu à la fin du film. Il suggéra que Rachel donne à John le chapeau qui avait appartenu à son mari. Ce cadeau montrait qu'elle assumait pleinement cette relation. Bill pensait que ce cadeau laissait entendre qu'ils se reverraient peut-être. Au lieu de cela, Peter, choisit de tourner cette scène comme un adieu sans paroles.

Ce processus de réécriture était unique par plusieurs de ses aspects. Il n'y eut pas de désaccords majeurs au sein de l'équipe créative. Ed Feldman et David Bombyk étaient très attachés à préserver l'intégrité du scénario, si bien que la plupart des changements resserrèrent l'histoire ou bien lui donnèrent de la texture au lieu de la modifier véritablement. Environ 90% du scénario initial demeura essentiellement identique, même après de considérables étapes de réécriture. Les premières versions du scénario étaient déjà bien structurées et claires. La plupart des changements furent d'ordre créatif plutôt que structurel.

Le film eut un grand succès auprès des critiques et du public. Il fit environ 100 millions de dollars à sa sortie dans les cinémas, sans compter les recettes des locations et des ventes vidéo qui augmenteraient considérablement cette somme. Pour ainsi dire toutes les critiques du film furent favorables. Il fut nominé pour huit Oscars et obtint l'Oscar du Meilleur Scénario et du Meilleur Montage. Ce ne fut pas une surprise, si l'on considère que le film avait à l'origine un bon scénario. Les différents actes sont solides et des pivots nous propulsent d'acte en acte. Les obstacles, les renversements et les scènes séquentielles donnent son élan à l'histoire. Les lignes narratives des personnages et leurs fonctions dramatiques sont claires. Le thème du film est bien développé grâce à des contrastes, des images et des motifs.

L'équipe artistique bénéficiait d'une expérience considérable dans l'industrie du cinéma et savait comment transposer les différents éléments du film pour que celui-ci fonctionne. Peter Weir a su trouver une approche de mise en scène pour ce scénario et Thom Noble a su monter, affiner et recentrer l'histoire. Leur collaboration permit de créer l'un des cinq meilleurs films de 1985.

EPILOGUE

Les bons scénarios ne manquent pas à Hollywood. Beaucoup de gens écrivent de bons scénarios qui ont une histoire intéressante et des personnages dont on se souvient. Mais il y a peu de scénarios formidables. Quand c'est le cas, ils vous laissent pantois. Les Studios de la Paramount savaient qu'ils avaient un bon scénario avec *Witness* et ils s'attendaient à ce qu'il soit nominé pour l'Oscar du Meilleur Scénario Original avant même que le film ne soit tourné. Au cours de toutes les années où j'ai été consultante de scénarios, il m'est arrivé trois fois d'avoir entre les mains des scénarios si denses et si bons, que le seul conseil que je pus alors donner au producteur ou au scénariste fut de ne rien modifier.

Pour faire d'un bon scénario un scénario formidable, il faut différents talents. Le scénariste doit donner une approche nouvelle du sujet, être original, unique et créatif. Le scénariste doit savoir ce qui va plaire au public et comment raconter une bonne histoire, la structurer et lui donner un sens.

Ce livre est centré sur la façon de faire un scénario parce que la plupart des films échouent pour des raisons de structure. Si vous lisez des critiques, vous remarquerez que ce sont rarement les acteurs, la mise en scène ou même le thème du film qui est critiqué. Les critiques s'en prennent, en général, aux problèmes de structure : une ligne narrative peu claire, des personnages aux motivations faibles, des intrigues secondaires mal construites, le fait qu'il y a trop de personnages, une fin qui n'a plus rien à voir avec le début ou le fait qu'il reste trop de questions sans réponses à la fin. Tous ces problèmes ont une solution. S'ils ne fonctionnent pas lors de l'écriture du scénario, il faut les retravailler au cours de la réécriture.

Ce que j'ai tenté de faire dans ce livre, c'est de parler des concepts sous-jacents qui font qu'un scénario fonctionne. Lorsque vous comprendrez le métier de scénariste vous pourrez plus facilement résoudre les problèmes et vous faire une idée plus claire des moments où votre texte déraille, par opposition aux moments où vous êtes sur les rails. Que vous soyez scénariste, producteur ou chef de développement, le fait de travailler avec ces éléments vous permettra d'écrire et de réécrire plus facilement et conduira à un film plus solide et mieux intégré. Faire d'un bon scénario un scénario formidable est un processus au cours duquel la connaissance du métier de l'écriture associé à l'art de la réécriture créent la magie cinématographique

AU SUJET DE L'AUTEUR

Dr Linda Seger a débuté en tant que consultante de scénarios en 1983. Elle a travaillé avec des compagnies, des scénaristes et des producteurs extrêmement connus tels que Ray Bradbury, Tony Bill, ITC Productions, Charles Freis Entertainment, TriStar Pictures et Sundance Institute.

Elle a donné des séminaires pour les chefs de développement d'ABC, de CBS et pour ceux d'Embassy Television ainsi que pour l'American Film Institute, la Director's Guild of America, l'Academy of Television Arts and Sciences, l'Academy of Motion Pictures Art and Sciences. Elle est mariée et vit à Venice, en Californie.

« FAIRE D'UN BON SCENARIO UN SCENARIO FORMIDABLE »

Editions DIXIT – Jean-Pierre FOUGEA
3, rue La Bruyère – 75009 Paris
Tél. : 01 49 70 03 33
Fax : 01 49 70 02 15

Diffusion / Distribution : Dilisco
Couverture : Julien Fougea

Achevé d'imprimer le 15 février 2005
Imprimerie Toscane

Dépôt légal à parution
ISBN : 2 – 84481 – 093 - 4
ISSN / 0988 –1042